Diálogo/Cinema

Dados Internacionais de Catalogação na Publicação (CIP)
(Jeane Passos Santana – CRB 8ª/6189)

Tiburi, Marcia
   Diálogo/cinema / Marcia Tiburi, Julio Cabrera. – São Paulo :
Editora Senac São Paulo, 2013.

   Bibliografia.
   ISBN 978-85-396-0418-0

   1. Arte – Filosofia 2. Cinema 3. Diálogo 4. Marcia Tiburi –
Correspondência 5. Julio Cabrera – Correspondência I. Cabrera,
Julio. II. Título.

13-151s   CDD-791.43

Índice para catálogo sistemático:
1. Cinema   791.43

Diálogo/Cinema

Marcia Tiburi | Julio Cabrera

Editora Senac São Paulo – São Paulo – 2013

ADMINISTRAÇÃO REGIONAL DO SENAC NO ESTADO DE SÃO PAULO
Presidente do Conselho Regional: Abram Szajman
Diretor do Departamento Regional: Luiz Francisco de A. Salgado
Superintendente Universitário e de Desenvolvimento: Luiz Carlos Dourado

EDITORA SENAC SÃO PAULO
Conselho Editorial: Luiz Francisco de A. Salgado
 Luiz Carlos Dourado
 Darcio Sayad Maia
 Lucila Mara Sbrana Sciotti
 Jeane Passos Santana

Gerente/Publisher: Jeane Passos Santana (jpassos@sp.senac.br)
Coordenação Editorial: Márcia Cavalheiro Rodrigues de Almeida (mcavalhe@sp.senac.br)
 Thaís Carvalho Lisboa (thais.clisboa@sp.senac.br)
Comercial: Marcelo Nogueira da Silva (marcelo.nsilva@sp.senac.br)
Administrativo: Luís Américo Tousi Botelho (luis.tbotelho@sp.senac.br)

Edição de Texto: Adalberto Luís de Oliveira
Preparação de Texto: Léia Maria Fontes Guimarães
Revisão de Texto: Luiza Elena Luchini (coord.), Globaltec Editora Ltda.
Projeto Gráfico, Capa e Editoração Eletrônica: Antonio Carlos De Angelis
Imagem da Capa: Alexandre Saes
Impressão e Acabamento: Cromosete Gráfica e Editora Ltda.

Proibida a reprodução sem autorização expressa.
Todos os direitos desta edição reservados à
Editora Senac São Paulo
Rua Rui Barbosa, 377 – 1º andar – Bela Vista – CEP 01326-010
Caixa Postal 1120 – CEP 01032-970 – São Paulo – SP
Tel. (11) 2187-4450 – Fax (11) 2187-4486
E-mail: editora@sp.senac.br
Home page: http://www.editorasenacsp.com.br

© Editora Senac São Paulo, 2013

Nota do editor

A ilusão do cinema pode ser mantida no diálogo filosófico? Não se quebra o encanto? A arte que pode emocionar, alegrar, distrair, ensinar, denunciar... quando posta sob o olhar que interroga perderia sua terceira dimensão? Segundo os autores, o cinema não se presta a ser mera ilustração de pensamentos. Ele é mais e está além de uma única interpretação, ou então seria pura propaganda ideológica.

Logo, a magia não se quebra; ao contrário, se enriquece, pluraliza, expande o olhar ou o aprofunda. Como já disse Jean-Claude Bernardet, "a história do cinema é em grande parte a luta constante para manter ocultos os aspectos artificiais do cinema e para sustentar a impressão de realidade", e é também "o esforço constante para denunciar esse ocultamento e fazer aparecer quem fala".

Mais que entretenimento, erudição ou desmascaramento, o que importa aqui é o diálogo que se tece sem que se perca de vista a dimensão humana da realidade, sempre cultural, mutante, graças ao diálogo criativo entre o pensamento e a arte.

Lançamento do Senac São Paulo, este *Diálogo/cinema* busca ser mais uma possível ponte entre áreas do conhecimento e do fazer humano que não necessariamente constituem uma unidade.

Prefácio

O diálogo é um complexo experimento filosófico em que aspectos literários, estéticos, éticos e políticos, bem como epistemológicos e lógicos, entram em cena. Quando escrevemos um diálogo, temos uma peça que convida ao pensamento e ao debate e que, nesse sentido, só se torna viva pela leitura. A característica fundamental do experimento que é o diálogo é o processo que põe em jogo entendimento e desentendimento, levando a revelações inusitadas e inesperadas. O leitor entra nos interstícios onde a percepção é convidada a continuar o processo dialógico. Um diálogo é sempre um livro aberto no sentido mais estrito.

Neste livro encontramos esse experimento dedicado ao cinema. O cinema é um fato cultural fundamental. Parte das práticas estéticas de todas as culturas – desde a arte até a indústria cultural –, o cinema nos coloca muitas questões, umas de ordem linguística, outras de ordem ética; umas, por assim dizer, mais teóricas, outras mais práticas. O que é o cinema? O que queremos dizer quando falamos em cinema? O que pode o cinema? Onde começa e onde termina o cinema? Quais contornos teóricos podem tocá-lo? Por outro lado, está dada a questão do filme: O que é um filme? Todo cinema precisa de filme? O filme é sempre cinema? Podemos ainda nos perguntar se essas questões são importantes quando estamos diante de um filme e só o que esperamos é aproveitar o prazer que ele promove. Se o cinema afeta nosso modo de pensar, agir e sentir, são outras questões que podemos nos propor. Pensar os filmes – e com os filmes –, e não apenas se deixar levar por eles, pode fazer sentido para muita gente.

Neste *Diálogo/cinema*, quarta aventura depois de *Diálogo/desenho*, *Diálogo/dança* e *Diálogo/fotografia*, meu convidado é Julio Cabrera, professor de filosofia e autor, entre outros livros notáveis, de *O cinema pensa*. Como se verá nessa conversa que começa a seguir, suas teorias do cinema estão amalgamadas a questões filosóficas. Seu bom humor e sua atenção dedicada fizeram desse nosso diálogo um trabalho, para mim, muito alegre. Que os leitores possam estar curiosos com o que vem a seguir – assim como estive, na qualidade de agente de um diálogo/cinema, durante dois anos de intensa troca de cartas – é um indício de uma leitura possivelmente feliz. O diálogo, agora aberto pelas mãos de um curioso leitor, pede, assim, para continuar sua tarefa infinita.

Marcia Tiburi

Brasília, 27 de novembro de 2011.

Marcia,

Num e-mail de 4 de março, você escreveu o seguinte trecho, digitado em azul:

> Aliás, podemos pensar para o futuro um livro *Diálogo*? Porque esse *Diálogo/desenho* é apenas o começo de uma coleção que tenho no Senac... dá pra gente fazer um *Diálogo/cinema*. Você aceitaria? Meu único defeito é que tenho antes que concluir algumas coisas.

Bom, como eu estou sempre concluindo coisas e mergulhado em projetos até 2015 (lógica, cinema, filosofia latino-americana, filmes, existir), sei perfeitamente que jamais conseguiremos fazer o tal *Diálogo/cinema* em tempo real. Então proponho o seguinte: começo respondendo a teu* convite com uma primeira carta (esta). Depois você me responde, depois eu te respondo, e, dessa forma, sem interromper as nossas atividades, teremos escrito o livro antes de 2015, ano no qual ainda estaremos, claro, concluindo coisas.

Em 2009, quando começou meu período de "tiburização" aguda – na Unisinos, onde eu estava concluindo um livro sobre lógica numa sabática –, me deixei encantar pelo *Filosofia cinza*; o primeiro impulso que lembro ter sentido foi o forte desejo de filmá-lo. Isso pode ser um bom começo para o nosso livro: um de nós sentir desejo de filmar o que o outro escreve.

Só neste ano conheci *Diálogo/desenho*, que deverá ser, suponho eu, um texto inspirador para o nosso improvável livro. Devo dizer que não me interesso nada por desenho, apesar de minha mãe ter pensado, num momento, que eu seria arquiteto ou algo do gênero, porque, quando criança, gostava de rabiscar meus próprios *cartoons* no papel branco no qual embrulhavam o pão (por isso o desenho terá sempre, para mim, o cheiro do pão francês de Córdoba, na minha Argentina natal). Alguns dos

---

* Optamos por conservar nesta publicação o estilo do autor, que, em sua comunicação escrita informal, faz uso tanto da segunda como da terceira pessoa gramatical. (N. E.)

meus desenhos pré-profissionais (tanto quanto alguns aspectos da minha filosofia atual) podem ser apreciados (ou, melhor, depreciados) pelos especialistas ao ler nosso livro (meu e de Thiago Lenharo) *Porque te amo, não nascerás*, publicado em Brasília em 2009. Pelo cinema, ao contrário, me interesso desde sempre, desde muito antes de me envolver com filosofia.

Teu livro com Fernando Chuí fala sobre a natureza do desenho (ou sobre a sua falta de natureza), e eu penso que poderíamos fazer a mesma coisa com o cinema: começar pensando nele para finalizar com ele nos pensando. "O cinema pensa" é isso, a recusa do cinema em se deixar pensar pela filosofia, gerando seus próprios conceitos e desafiando teses filosóficas (a animação *Waking life*, de Richard Linklater, derruba em imagens a tese cartesiana do Demônio Maligno). Jamais permitir que o cinema meramente "ilustre" teses filosóficas, como muitos fazem. Colocar uma televisão ou um telão na sala de aula não será, forçosamente, aproximar cinema de filosofia, mas talvez o contrário. Os alunos têm que entender que o cinema não copia conceitos prévios: ele os inventa. Essa é uma primeira questão sobre a qual eu queria muito falar com você.

O *Diálogo/desenho* trata das relações entre pensamento e traço; aqui deveríamos falar de pensamento e imagens "tremendas", que tremem, que fazem tremer. São, diria eu, a mesma pergunta em diferentes momentos do mesmo percurso do tempo e da reflexão: o que aparentemente está quieto não precede nem antecede o que se move; um filme não deixa de ser uma espécie de imagem quieta que ameaça a todo momento se agitar, se deslocar e nos devorar; e um desenho é um movimento subitamente inibido; a quietude, uma possibilidade do movimento e vice-versa. Assim como somente o cinema sonoro entendeu o silêncio – algo que o cinema mudo não podia entender –, talvez tenha sido o cinema que nos permitiu entender o desenho e a fotografia. Em teus termos, eu diria: o nosso livro será a continuação da mesma "política do olhar" por outros tateares.

Na tua primeira carta de teu livro com Fernando, te angustias pelo descaso em que o desenho caiu; no caso do cinema, o que mais angustia é o contrário: o imenso interesse que desperta, e, sem embargo, a tremenda falta de habilidade das massas – incluídas as massas intelectuais – para captar seu peculiar mecanismo predicativo. Como uma vez disse Peter Greenaway, não aproveitamos até agora nem 30% das possibilidades do cinema; assistimos ansiosos às suas últimas maravilhas tecnológicas sem ter aprendido ainda a escutar os gritos do cinema mudo. Sem *O nascimento de uma nação* ou *Encouraçado Potemkin*, haveria *Avatar*? A história do cinema, à diferença da história da filosofia, é uma história quebrada, que já começou do zero várias vezes.

Neste momento, estou pensando – com Léo Pimentel – meu primeiro filme, autobiográfico, de uma maneira totalmente artesanal e amadora. Mas, se formos refletir sobre cinema como dispositivo criador de conceitos por imagens (assim como o desenho pelo traço), precisaríamos ser muito mais filósofos do que os cineastas conseguiram ser em seus livros teóricos (sim, Marcia, creio que os livros de Eisenstein, Bresson ou Tarkovski sobre cinema são extraordinários como testemunhos, como depoimentos vividos, mas não são grandes reflexões conceituais; talvez o maior mérito de Griffith tenha sido não escrever nenhum livro teórico desse tipo).

Assim como a filosofia pode ser vista como uma forma perversa de desenho (um desenho estragado pela arguição), também poderíamos vê-la como uma sorte de imagem prejudicada. Mais do que os "filósofos profissionais" gostariam de admitir, as imagens em movimento têm sido capitais no pensamento de Platão, Agostinho, Pascal, Kierkegaard e Wittgenstein: muito antes de o cinema pensar, a filosofia já filmava. Conseguiríamos entender as ideias desses filósofos sem suas imagens conceituais, sem seus deslocamentos, zooms e primeiros planos? Platão sem a caverna, Descartes sem a cera, Heidegger sem a clareira? Talvez nos caiba mostrar que as imagens em movimento nunca foram extrínsecas a esse pensamento que, nas histórias oficiais da filosofia, gosta de ver-se a si mesmo como apático e objetivo, como a "desinteressada busca da verdade".

Bom, não será com demoradas cartas que conseguiremos escrever o nosso contundente livro, de maneira que paro por aqui e aguardo que me diga o que achou desses primeiros takes.

    Abraços em tempo real,
    Julio

São Paulo, 28 de novembro de 2011.

Querido Julio Cabrera,

Que bom que você aceitou o meu convite. E que terá paciência com o tempo. Mas tomemos cuidado com ele. Demorei uns sete anos para concluir o *Diálogo/dança* com a Thereza Rocha. O *Diálogo/fotografia* foi mais rápido, menos de dois. Em cada caso, pesa a natureza do objeto em questão e do sujeito que escreve. E, a essa altura, garanto a você, a gente começa a escrever de maneira parecida com a do outro com quem dialogamos. Tem todo um jogo de oposição, mas também um brinquedo de encontrar semelhanças e diferenças nesse ato que começa a se desdobrar, frame após frame.

A forma diálogo combina com todos os temas desta coleção, talvez mais especialmente com o cinema, já que ele também é uma forma baseada no movimento. Por isso, assumo com você essa brincadeira da "filmagem escrita", indo direto ao que interessa, combinando desde já que nunca (salvo exceções) ultrapassaremos cinco páginas de texto. Assim, ninguém se cansa nem de responder nem de ler. Nossos leitores serão ao mesmo tempo espectadores desse cinema por escrito. Certamente esse diálogo será bem menos e bem mais do que cinema, porque à mercê um do outro, só tenuemente regulados pelo tempo e pelo espaço, não temos roteiro prévio, não temos direção, não temos produção que não seja a nossa própria. Somos "um homem e uma câmera na mão"; só que a câmera é a escrita. Será que, como o cinema novo de Gláuber Rocha, teremos finalmente a "filosofia nova"? Já começo a gostar porque soa improvável, herege até, se lembrarmos que a ala autoritária da inteligência filosófica brasileira (pena que este não é o melhor lugar para desmontar de uma vez essa pseudoinócua ideologia) não suporta invenções. Como nosso amigo Léo Pimentel, somos também, cada um a sua maneira, "amantes da heresia". Aproveito para praticá-la um pouco: só a heresia nos salvará.

Fique sabendo que estou lendo e relendo alguns dos seus livros. Ainda não consigo saber qual deles eu filmaria. *Porque te amo, não nascerás!* (livro que me deu muita dor, cabrerizou-me totalmente) é o meu *Hiroshima, mon amour*.* *O cinema pensa* é meu *Matrix*. *Diário de um filósofo no Brasil* é um grande material, suponho que seja a partir daí que vocês estejam filmando. Tenho ainda que ler os outros que chegaram aqui. E outros que não se acham pra comprar em livrarias. Que bom que você escreve demais. A propósito, nesse ponto em que surge a nossa filmagem escrita, pergunto se é assim que você vê seus outros textos. O que você está filmando com o Léo é algo que poderemos chamar de imagem filosófica?

Minha carta já deve ir se encaminhando para o meio e o fim, mas ainda sinto que estou no começo e, por isso, vou dizer que "devo começar confessando" que cinema não é, nem de longe, a arte que mais me anima. Eu escrevo romances (na verdade, antirromances), e é essa a forma que mais captura os meus afetos. Elementar que para fazer um romance você só precisa escrever e, em tempos em que as artes se voltam para toda sorte de loucuras tecnológicas, escrever é um trabalho praticamente artesanal, primitivo. A literatura está para a tecnologia como a pintura rupestre para o cinema. Assim, com o nosso diálogo recém-nascido.

Ainda prefiro ações rupestres (talvez "uma câmara na mão" seja hoje artesanato). Simpatizo

---

* Em português: *Hiroshima: meu amor.*

mais com a cena dos antropoides de *2001* do que com aquela parafernália anti-humana de máquinas. Calma, você dirá, também somos anti-humanos, aquelas máquinas nasceram de nós. Mas por que estou dizendo isso? Porque também o cinema vem das máquinas, nasce da evolução tecnológica dos mecanismos de visão e imagem. Porque, vendo os filmes, me dou conta de que sou, ao mesmo tempo, um animal que sonha, e, por mais que o sonho ao qual me refiro não tenha nada a ver com cinema, hoje me assustei com um fato que conto só pra que você possa rir: ontem assisti a *O poderoso chefão* e depois passei a noite sonhando com a máfia.

Fiquei com medo dessa relação entre imagens de naturezas tão diferentes. A imagem que nasce de um corpo, no sonho, e a imagem que nasce de uma máquina, no cinema. O cinema, assim como a fotografia, nos ensinou a ver. Mudou nosso paradigma visual. Introjetamos a máquina em nossa subjetividade? Você disse ter lido *Olho de vidro*. Lá a tese central é a de que a televisão é uma prótese, de que qualquer tela é uma prótese. O cinema me dá a sensação de que é a máquina que, agora, nos faz sonhar. Não, a literatura não chega a isso, por mais que muitas vezes ela tenha sido serva do cinema. O cinema é a máquina surrealista. Nesse sentido, é a máquina do *Unheimlich*, o estranho inquietante sobre o qual escreveu Freud. O cinema me causa pavor. Assisto a filmes como uma criança que se deixa apavorar.

Walter Benjamin falava em seu texto sobre o *Onirokitsch* que o surrealismo abrira um caminho direto à banalidade. Nunca entendo o que ele quer dizer com essa banalidade que não seja o apavorante *kitsch*. Aquele que vemos na época do Natal e que encanta tanto as pessoas, aquelas mesmas que não fazem ideia do que estão vendo ao assistirem a um filme. O que Benjamin põe em cena é a relação entre realidade e sonho. O cinema é a forma que, nos dando o surreal, está sempre pronta a substituir o sonho e com ele o mundo.

Nesse sentido, acredito, como você, que o cinema vem carregado de conceitos, que ele os cria. Mas não deixa de substituir o mundo. De desamparar este mundo já tão desamparado. Mas me dá medo, como quando sonho, de que ele seja uma ordem de realidade suficiente diante da realidade. Daí que as pessoas, ao esquecerem que se trata de surrealidade, percam a chance de captar sua linguagem sempre separada, ainda que ligada, ao que temos aqui, do lado de cá, da tela.

Neste momento, talvez você diga que estamos falando de arte e de ficção e que as coisas são assim nesse território. Reconhecer o cinema como a arte – e a indústria – mais importante num certo aspecto no âmbito da história da cultura desde sua invenção é mais do que óbvio. Depois podemos falar do conceito de arte (afinal se trata também e sobretudo de um conceito) e de indústria. Refiro-me ao cinema uma vez que ele atinge as "massas" e as "multidões" pelo mesmo motivo mencionado por você: pela inabilidade que elas têm de captar sua linguagem. Uma linguagem conceitual como é a linguagem daquilo a que chamamos hoje de arte. Mas penso que eu também não capto essa linguagem e esse diálogo/cinema a quatro mãos, com você me ajudando nisso. Quero partir, portanto, da minha ignorância, com a qual irei presenteá-lo. A propósito, desde que me lembro, é a minha ignorância que me tem dado sempre as minhas maiores alegrias.

Estou colocando questões um pouco soltas, como imagens esmaecidas. Assisti há poucos dias a *Film socialisme*, de Godard. Gostaria que minhas frases, argumentos e afetos aparecessem sem muita nitidez, como naquela obra. É dessa maneira que o texto se abre para a sua interpretação. Bom, aquele é o tipo de filme que me captura hoje. Quebrado, sujo, meio amador. Como se o cineasta, depois de ter dado todas as voltas com as potências do cinema, conseguisse voltar a uma espécie de selvageria da forma. E recuperasse, assim, alguma coisa mais verdadeira, mais essencial para esse tempo, o nosso, em que a questão da imagem foi reduzida ao elogio da qualidade da imagem e das tramas incríveis que os roteiristas de Hollywood conseguem produzir em jogos divertidos de surpresa e de tensão, mas, como tudo que se repete, meio chatos (não considero que chatice seja uma categoria filosófica, mas apenas um ruído conceitual para, já de início, perturbar nosso texto).

Tudo isso que é o cinema hoje (forma emocional e conceitual, imagem de qualidade e roteiro instigante) pode ser lindo para as massas que pagam pela distração concentrada que o cinema oferece. E não descarto que haja sim nessa distração a transmissão de "temas" filosóficos. O cinema é mesmo um modo incrível de transmissão de reflexão. É um ótimo material didático. Nesse ponto, no entanto, aproveito para apresentar a você uma dúvida que eu tenho desde que li seu *O cinema pensa*. Haveria pensamento no cinema sem a linguagem falada, discursiva, que se expõe por palavras? Ou seja, o que pensa no cinema não é justamente o texto e não a imagem que, sob o texto, continua sendo mera ilustração de conteúdos? Quando a imagem faz pensar?

Estamos, eu e você, bem mais preocupados com as potências conceituais do próprio cinema e não em seu mero caráter ilustrativo de teorias já preestabelecidas. Nesse caso, o cinema seria apenas meio de transmissão ideológica. E seria algo muito pobre se pensássemos, como grande parte da indústria, que o cinema se reduz a uma boa narrativa ligada a uma imagem de qualidade (em geral o cinema comercial é esse que se garante com essa forma mercadoria). Ou à adaptação de um bom texto que depois leva ao cansativo julgamento no âmbito do senso comum sobre se o filme é melhor do que o livro, em que os "entendidos" em literatura afirmam sem parar que "um filme não chega aos pés de um livro". E outras ideias pré-prontas para aplicar quando não se tem o que dizer. Nenhuma linguagem é meramente meio. A forma é conteúdo, o conteúdo é forma.

Ah, não quero acabar esta carta sem dizer a você que eu também desenhava em papel de pão na minha Vacaria natal. Infelizmente nunca mais o encontrei. E, por isso, perdi minha infância para sempre.

Um abraço grande aguardando sua resposta,
Marcia

Brasília, 20 de dezembro de 2011.

Marcia,

Fiquei paralisado durante várias semanas pelo que Sartre expressa como o espetáculo insuportável da liberdade absoluta. A plena consciência de que o nosso livro *Diálogo/cinema* pode ser feito de milhares de maneiras diferentes foi assustadora para mim. Meu silêncio não foi motivado pela falta, mas pelo excesso, por um tipo de excesso desagradável, de náusea de hiperinspiração. Depois de dias e dias dando voltas no jardim das sendas que se bifurcam, dei-me conta de que o destino dessas cartas tinha que ser decidido numa escolha absurda; chega de esperar por uma luz duradoura e confiável.

Começo por tentar partilhar contigo toda a obscenidade desse inicial excesso sartreano a partir das possibilidades abertas pela tua carta; sim, Marcia, nós poderíamos transitar qualquer uma das seguintes quatro curvas: a) Poderíamos partir da ideia de "filosofia filmada", "filmagem escrita", "filosofia nova", filosofia artesanal, rupestre, pura criatividade estelar oswaldiana em contraposição ao atual cemitério acadêmico. b) Ou das potencialidades nunca exploradas do cinema que provocam indevidamente o susto do *Film socialisme*, de Godard, que não deveria nos assustar se tivéssemos a mínima familiaridade com essas potencialidades, se fôssemos capazes de transitar de Murnau a Cameron sem pular etapas "tediosas". c) Ou poderíamos partir da teoria tiburiana do cinema, tal como exposta em teus dois livros sobre cinema e filosofia, de cuja autoria talvez você mesma nem suspeite (aqui eu sou o escavador). d) Ou, finalmente, da tua pergunta demasiado clássica acerca de se "haveria pensamento no cinema sem a linguagem falada", o que me faria voltar à minha teoria do cinema, totalmente abstrata e antimímesis, como exposta no prefácio de meu livro *De Hitchcock a Greenaway*, de 2007. Espero, com isso, ter conseguido contagiar-te com algo da minha vertigem.

A minha escolha trágica será enveredar pela senda "c"), a tiburiana, mas pretendo chegar a ela por meio de um esclarecimento prévio, disparado por uma das frases mais avançadas de tua carta, quando dizes que tampouco consegues captar a linguagem do cinema; manifestas que essas nossas cartas vão te ajudar, e que a tua ignorância é que te deu tuas maiores alegrias. Quero dizer algo inicial muito importante, não apenas a você mas aos inferidos leitores deste livro nascituro (espero que não o aborte): eu tampouco conheço cinema, eu também me perco em suas variadas formas de expressão, eu também sou – com dois livros e vários artigos publicados sobre o tema – um mestre ignorante, um analfabeto de imagens. Eu não tenho nada para te ensinar, nem a você nem aos nossos aguardados leitores; apenas possuo certa habilidade para colocar questões cujo valor reside mais nas respostas que podem suscitar em pessoas mais agudas que eu. De maneira que quero partilhar contigo essa ignorância, sendo a nossa única divergência que a minha é ignorância de filósofo pessimista: ela não me traz a menor alegria.

Por outro lado, é inevitável o risco de passar ao nosso leitor – dadas as nossas perversas trajetórias literárias – uma forte impressão de encenação e de autodefesa (melhor confessar-se ignorante para prevenir decepções?). Para pôr lenha nessa fogueira da desconfiança te digo que não acredito nessa tua confessada ignorância cinematográfica. E eu tenho dois bons argumentos, ou, melhor dito, você tem dois bons livros de cinema, muito melhores que os meus. (E, com isso, entro na linha tiburiana de cabeça.) Um deles chama-se *Cinema: melancolia da metáfora*, um pequeno livro de 25 páginas que contém uma análise cinza de *The pillow book*;* esse livro tem que ser destacado de um livro "real" chamado *Filosofia cinza*, sem nenhuma consideração pelos desejos e intenções explícitos da autora.

Uma teoria (do cinema ou de qualquer coisa) cabe na ponta de um alfinete (ou numa casca de noz, como dizem os ingleses); a teoria cinza do cinema (que não é uma teoria do cinema cinza) está enquadrada dentro de uma reflexão sobre a melancolia do filosofar (pena que o livro cinza tenha sido lançado antes do filme *Melancholia*,* de Lars von Trier), abrindo espaço para um filosofar de impressões, da finitude, da morte, do corpo, uma ciência triste e negativa nas antípodas da depressão ou da passividade. A ideia central é que, sendo a fotografia a própria cena da melancolia, a representação mesma da morte, o cinema – "fotografia em movimento" – seria como a chocante ressurreição do morto, o morto em movimento (e, nesse sentido, todo filme seria filme de terror). "O filme faz o morto ter a aparência do vivo", "[...] o morto se torna vivo pelo movimento" (*Filosofia cinza*, pp. 250-251).

---

* Em português, respectivamente: *O livro de cabeceira* e *Melancolia*.

O teu segundo livro de filosofia do cinema é de nascimento ainda mais prematuro; trata-se de um livro que eu intitulo "Três ensaios sobre telecinema: videodromia, distopia, esquizografia". Esse neolivro deve ser cuidadosamente montado com as últimas seções dos três capítulos do livro "real" chamado *Olho de vidro*, publicado em 2011 (e mais alguns outros textos, aqui e lá, cuidadosamente cortados e deslocados de seus lugares "naturais", como os enxertos de pele do filme de Almodóvar *A pele que habito*). O "Três ensaios..." não foi publicado ainda. Os leitores desse recente livro da Tiburi vão protestar, vão dizer que esse livro trata de televisão, não de cinema. Erro. O microlivro a que chamo "Três ensaios sobre telecinema" é um livro sobre cinema, não sobre televisão, pois *Videodrome*, *Fahrenheit 451* e *The Truman show*,* – os três filmes analisados em *Olho de vidro* – não são peças televisivas, mas reflexões cinematográficas sobre televisão: são, pois, cinema, não televisão. E as análises dizem muito mais sobre cinema que sobre televisão, pois surpreendem a linguagem do cinema dizendo, com a sua linguagem, algo sobre certo tópico (da mesma forma que *A festa de Babette*; *O cozinheiro, o ladrão, sua mulher e o amante* e tantos outros gastrofilmes

---

* Em português: *O show de Truman*.

não são livros de cozinha, mas reflexões cinematográficas sobre o devorar).

A filosofia do cinema desse novo livro não menos cinza, creio eu, que a exposta naquele anterior, explicitamente cinza, tem que ser extraída da particular maneira com que os filósofos David Cronenberg, François Truffaut e Peter Weir trabalham, com imagens cinematográficas, a reflexão sobre televisão, em que ela passa para um digno segundo plano. (Um elemento interessante nesse estudo seria, por exemplo, explorar o deslocamento de câmera de Bradbury a Truffaut na questão do olho, as telas e os livros.) Em todo caso, se teria que ver como a tevê foi filmada cinematograficamente nos três filmes, como a "telinha" ficou especificamente enquadrada e balbuciada desde uma linguagem que definitivamente nunca será a sua (como bem mostra a tese central do livro dentro do qual se encontram os "Três ensaios"...).

Não sei se demoraremos sete anos para escrever este *Diálogo/cinema*, mas desenvolver essa teoria cinza do cinema levaria esse tempo ou mais; para piorar ainda as coisas, responder à tua pergunta "Haveria pensamento no cinema sem a linguagem falada, discursiva, que se expõe por palavras? Ou seja, o que pensa no cinema não é justamente o texto e não a imagem que, sob o texto, continua sendo mera ilustração de conteúdos? Quando a imagem faz pensar?" me levaria a expor a ideia crucial de *O cinema pensa*: sim, há pensamento no cinema sem a linguagem discursiva; não, a imagem mesma pensa, não é mera ilustração de conteúdos discursivos prévios. Para isso, temos que fugir da ideia usual do cinema como mimético ou icônico, como acompanhando o contorno das coisas, e começar a ver a imagem em termos completamente abstratos, muito mais perto da literatura que do teatro ou da fotografia. Só há um problema: precisaremos mais sete anos para desenvolver tudo isso.

Que faremos, pois, com os excessos dos nossos pensamentos (produtos das nossas vidas excessivas)? Caberão num envoltório epistolar?

Beijos,
Julio Cabrera

São Paulo, 21 de fevereiro de 2012.

Querido Julio Cabrera,

Dois meses apavorada com sua habilidade de montagem, retomo este nosso epistolário cinematográfico, percebendo que a espessura da minha ignorância aumentou um pouco mais (digamos que de 8 mm passei para Super 8). Achei muito interessante tudo o que você disse sobre os livros inconscientes dentro dos meus livros conscientes, mas não saberia o que fazer com isso tudo. Se é que se pode fazer alguma coisa com o inconsciente, sobretudo quando ele é conceitual. Por sorte sei que pensar é uma forma de ação e posso ocupar-me dela ficando quieta.

Tenho uma tática para quando fico perplexa: leio, estudo, tento me concentrar. Um dia aprenderei a voltar ao que já fiz? Para mim, ir em frente, por enquanto, é mais fácil. Decidi assim, pela primeira vez na vida – para juntar essa necessidade de concentração e afundar de vez no nosso livro, quem sabe invadir o espelho –, assumir que "sigo" um filósofo em algum aspecto e, nas aulas de uma disciplina da graduação de filosofia chamada tópicos especiais de filosofia I, adotei *O cinema pensa* como bibliografia básica. Ao lado do seu livro sobre Hitchcock, é quase só o que temos para ler. Quem sabe eu crie coragem e releia esse trecho do *Filosofia cinza*, mencionado por você. Da publicação daquele livro pra cá já aconteceu cinematograficamente tanta coisa... Mas o que importa é que os alunos gostaram da ideia das aulas, talvez já tenham percebido que aprenderão a ver mais longe olhando para uma filosofia fora do texto, ainda que também haja texto que a contemple. Aproveitei a empolgação e recomendei a eles a leitura do seu *Diário*. Livro que todos os amantes da filosofia precisam ler, ainda mais quem, sendo estudante, ainda sonha com o tempo de existir para além da sobrevivência acadêmica. Verdade que recomendei também o seu livro aos meus colegas, mas ainda não sei se receberam bem a provocação. Se não lerem seu livro, sugerirei um filme de zumbis para que entendam melhor a história da filosofia sentindo que fiz de tudo para que acordassem.

Como estamos conversando livremente e dando espaço aos excessos (o encontro entre filosofia e cinema deve ser algo como o nome de fantasia do excesso), vou voltar à ideia de que "o cinema não copia conceitos prévios: ele os inventa". Entendi, lendo seus livros e, por último, esse *De Hitchcock a Greenaway*, que os conceitos são sempre carregados de afetos, que não precisamos entendê-los no sentido reducionista dos racionalismos e intelectualismos. Gosto muito da sua incrível formulação "logopatia" para explicar a relação entre o intelectual e o afetivo. Entendi que a imagem é portadora de um caráter "tremendo" (essa palavra é perfeita), próprio de sua referencialidade. Que o cinema intensificou as potências visuais da filosofia (você dá o exemplo clássico da caverna de Platão e o menos comum *Gedankenexperiment* da filosofia analítica, p. 19), assim como o fez com a literatura. Entendi que o cinema se faz com isso tudo. E que não há motivo para sustentarmos uma vinculação necessária da filosofia à escrita, sendo que ela se relaciona desde sempre à imagem.

Concordo plenamente, pois que a filosofia acontece também ali na linguagem oral, nas formas da conversação que se ocupam em pensar a si mesmas, que se autorreferem num processo autorreflexivo. Isso sou eu me expressando quanto ao que vou entendendo, misturando um pouco com o que eu mesma penso. Não tenho a pretensão de que esta meia dúzia de linhas seja um resumo sobre suas teorias. Seria ridículo se eu tentasse sistematizar o que você diz. Afinal de contas, você já o diz de modo sempre bem sistemático, ao contrário de mim. Ler sua filosofia toda muito bem explicada é como assistir a um filme de Terry Gilliam. Gosto demais. Mas é justamente aí, nessa compreensão que se oferece generosamente, que eu me autorizo a devolver o que nela me "afeta" em um sentido bem "pático".

Essa sua ideia de cinema como filosofia e da filosofia como cinema, com a qual concordo irrestritamente, acabou com uma tese fundamental que eu levava a sério há muito tempo. Eu acreditava que só a linguagem reflexiva, falada ou escrita, mas, de qualquer modo, feita de palavras, poderia combater o império das imagens míticas. Por "imagem mítica" entendo toda imagem que evita o pensamento reflexivo, que é usada para o controle e a dominação de quem assiste. Eu entendia que o cinema fazia isso e, nesse aspecto, ele não teria nada de diferente das imagens promovidas, por exemplo, pela Igreja ao longo de sua história, seja a imagem do Cristo Pantocrator, seja a Via Crúcis nas paredes da igreja. (Aliás, sempre achei incrível que o único carro que pode ir à frente do carro do Papa quando ele vem ao Brasil é o da televisão que faz a transmissão para todo o país...) E que, assim, o cinema tinha tanto a ver com a Igreja quanto esta tinha a ver com a publicidade. Logo: cinema e publicidade compartilhavam um mesmo estatuto ontológico de suas imagens. Hoje tenho vergonha de ter pensado isso, porque é um raciocínio mal colocado quando se sabe muito bem que o cinema é algo muito mais complexo. Penso, no entanto, até agora que as instituições organizam e administram as imagens como formas de linguagem, como meios de controle e dominação dos indivíduos. Antes, na verdade, eu pensava o cinema como instituição com uma linguagem própria. Uma linguagem que pretendia fazer com que as pessoas não pensassem. Entendendo o que você diz, vejo que estou enganada, porque o potencial de esclarecimento ou ilusão está sempre no meio, seja a imagem, seja a palavra. Ou seja, há filmes e filmes, há cinema e cinema. E por trás uma ideia. Não?

E daí surgem novos problemas para mim. Até agora, embora eu entenda a sua teoria e a carregue comigo daqui pra frente como um amuleto (interprete isso como quiser), continuo pensando que a imagem, mesmo sendo um meio, se divide sempre em duas: uma imagem que é dominação, que é mentira (daí um aspecto do "cinema" platônico?), e outra que é imagem crítica. A imagem crítica no cinema é o que fez com que muita gente chamasse certos filmes de "arte", por oposição à indústria que trata a obra cinematográfica apenas como mercadoria. Talvez você diga que estou misturando as coisas ou que não prestei atenção em alguma parte dos seus livros. É bem possível porque eu, de fato, ainda não li tudo (também você escreve demais, digo isso rindo enquanto imagino sua reação a essa culpabilização) ou talvez essa questão soe ingênua para você, preocupado que está com a questão predicativa da linguagem cinematográfica.

Mas meu problema com isso é que entendo que toda filosofia tem um impulso ético. Se cinema é filosofia... Entendo que as imagens também têm esse impulso ético. Estou errada? Falo sério, do fundo mais sincero da minha ignorância. Posso me ocupar desse problema sob pena de me desviar do que importa? O que importa? Diga-me, de uma vez, como sua ética junta-se com sua cinefilosofia? Ou podemos deixar cada uma seguir em separado?

Infelizmente, acabaram-se as minhas cinco páginas, e eu ainda queria contar a você a conversa que tive com o Gustavo Taretto, um cineasta de Buenos Aires, diretor de um lindo filme chamado *Medianeras*. Sinalizo apenas que ele explicou seu filme como sendo um "ensaio social sobre a solidão nas grandes cidades" e que se autocompreendia como um "contemplador". Enfim, tive uma conversa com um cineasta que sabe que é filósofo mesmo sem saber. Agora sigo esperando a resposta de um filósofo que é cineasta.

Beijos da sua amiga,
Marcia

Brasília, 1º de março de 2012.

Marcia,

Agora as coisas estão mais claras para mim; na verdade, a remissão aos teus próprios escritos sobre cinema e filosofia não era um convite para você voltar a seus livros anteriores (um tipo de trabalho rememorativo que eu estou fazendo, neste momento, com as minhas obras das últimas décadas, mas trata-se de outro processo); concordo contigo que é necessário seguir para a frente. Tratava-se apenas de deixar claro para o leitor o caráter tentativo e conjectural do nosso epistolário; não apresentar as coisas como a fala de um "entendido" em cinema com uma profana; o surgimento intempestivo de um filme como *O artista* no coração culpado – mais do que "nostálgico" – de uma Hollywood ainda poderosa, mas despedaçada, me mostrou nesses dias até que ponto toda vez que falamos sobre cinema estamos sempre voltando ao beabá, ao óbvio, ao mudo; que sobre cinema nunca podemos dizer que "sabemos" coisa alguma.

Então eu queria explorar, com mais proveito e prazer para o leitor e para nós, as outras linhas abertas na minha carta anterior (todas entrelaçadas), em decorrência de questões cruciais que você já tinha apresentado na sua mensagem anterior e nessa última. As linhas a que me refiro são perpassadas por uma ideia central, que deu um pequeno escândalo na ocasião da publicação de meu primeiro livro sobre cinema e filosofia (que em português chama-se *O cinema pensa*): a filosofia se redefine com a emergência do cinema, os 25 séculos de filosofia europeia não se mantêm inalterados diante do impacto dos breves 100 anos do cinema literal; a reflexão sobre a linguagem do cinema que podemos fazer aqui – dentro da nossa modesta conjectura de artesãos, de filósofos mudos – estará sempre em função de *re-visitar criticamente a questão da linguagem da filosofia*. Ou dito em meus termos: a descoberta da logopatia no cinema leva a repensar criticamente a aparente "apatia" da filosofia (tradicionalmente pensada em seus moldes intelectualistas) e a descobrir a própria logopatia da filosofia, mesmo da mais aparentemente "fria", como a filosofia analítica (pois também esta tem seu próprio *pathos* norteador, o *pathos* da frieza e do distanciamento).

Daí surgiria aquilo que você havia dito na sua carta, uma filosofia nova – paralela ao cinema novo? –, uma filosofia eminentemente experimental com respeito às suas próprias formas de exposição de ideias, ou seja, algo muito longe dos esquemas de teses de doutorado e demais conhecidos produtos acadêmicos. Dentro desse contexto, Marcia, eu realmente gostaria de responder à tua questão sobre se "haveria pensamento no cinema sem a linguagem falada", uma pergunta muito clássica que – confesso – me surpreendeu bastante (me deu um susto), porque uma página antes você tinha escrito: "... acredito, como você, que o cinema vem carregado de conceitos, que ele os cria". Se você aceita que o cinema cria conceitos, como se pode ainda ter dúvidas de que existe pensamento no cinema sem a linguagem falada, ou seja, antes dos conceitos tradicionais? Esse é o caminho pelo qual – no meio da assustadora liberdade sartreana a que me referia na carta anterior – decidi transitar para entrar mais na matéria.

Para fazer surgir essa reflexão de maneira mais articulada com as cartas anteriores, lembro duas ideias (uma minha, outra tua) que levam à questão central do parágrafo anterior; refiro-me à minha afirmação de que o cinema não conhece seu próprio mecanismo predicativo (ou, no jargão que temo usar, a sua própria "linguagem"), porque a alta tecnologia não lhe deixou tempo para esgotar as possibilidades da sua origem (o mal chamado "cinema mudo"); daí que, insisto, filmes como *O artista* são paradoxais retornos ao que não pode retornar, mas apenas indicar uma espécie de má consciência de ter saltado etapas. (Por isso é absurdo o que li nesses dias, que esse filme seria "o segundo filme mudo a ganhar um Oscar", depois de *Asas*, de 1927; é claro que *Asas é* um filme mudo, mas *O artista* não é, nem poderia ser; fazer hoje um filme mudo é algo tão absolutamente impossível como fazer um filme de alta tecnologia nos anos 1920.) A outra questão que quero costurar aqui é a tua observação acerca da "selvageria da forma", da qual você fala a propósito do *Film socialisme*, de Godard, que é a ideia de um filme "quebrado, sujo, meio amador". Dessas duas ideias devem surgir subsídios para responder à tua perturbadora questão.

Essa questão era: "Haveria pensamento no cinema sem a linguagem falada, discursiva, que se expõe por palavras? Ou seja, o que pensa no cinema não é justamente o texto e não a imagem que, sob o texto, continua sendo mera ilustração de conteúdos? Quando a imagem faz pensar?" Quero dizer que essa tem sido a questão tradicional da filosofia da vigília, da razão, do escrito; as potências da imagem não são negadas, mas sempre colocadas num papel coadjuvante: a subordinação da imagem ao escrito, do pulsional ao racional, do sonho à vigília. Realmente, se essa subordinação proceder, então o cinema não pensa (nem a fotografia, nem o desenho, creio eu). Devem-se repensar essas supostas primazias utilizando-se os subsídios fornecidos pelos pensadores logopáticos europeus dos séculos XIX e XX mencionados em meu livro, todos eles subversivos a respeito da filosofia tradicional dos conceitos; lendo Schopenhauer, Kierkegaard, Nietzsche, Freud e – a seu modo peculiar – Heidegger, os conceitos estão tiranizados por imagens; a razão, pela pulsão; a vigília, pelo sono. (Pascal e Hume ainda são versões intelectualizadas dessa primazia; tem-se que esperar mesmo até o século XIX). Aplicando essas filosofias anti-intelectualistas, é realmente o cinema que pensa, e a filosofia só pensa derivadamente. À luz do que esses filósofos dizem, agora o problema é: como *a filosofia* pode pensar?

Precisamente, eu escrevi o prefácio de *De Hitchcock a Greenaway* para tentar explicar como o cinema apresenta essa linguagem completamente primitiva (essa "selvageria da forma", em especial no cinema não narrativo, como o de Godard). Eu escrevi ali:

> O filósofo intelectualista ainda insistirá em que as ideias já têm de estar no intelecto para

> serem projetadas nos filmes que se analisam. O cinema, então, se consideraria somente como conjunto de "ilustrações" de teses anteriores à imagem. Mas isso seria como acentuar apenas a componente **representativa** do conceito-imagem, o que pode sempre resumir-se numa sinopse ou no "comentário" de um filme. Omite-se, na perspectiva "apática", a tremendidade da imagem, que não constitui apenas um impacto adicional ou enfático, e sim parte de sua potência referencial. (pp. 17-18)

No plano meramente representacional, Marcia, as ideias podem ser prévias à imagem do cinema, mas o logopático exige a componente afetiva de maneira interna e crucial, e é nessa confluência estreita entre representação e afeto que a imagem cria conceitos que não podem ser antecipados apenas pela parte representacional. (Não adianta dizer, por exemplo, que *Era uma vez no Oeste* trata de vingança; quando dizemos isso, não dizemos nada sobre o filme, nem sequer entramos nele; mais ainda: frases como essa são como uma recusa a entrar no filme – e isso deveria ser lembrado aos professores que pretendem implementar o cinema em sala de aula com propósitos pedagógicos.) As imagens do filme de Sergio Leone nos agridem de uma maneira primária, primitiva, que nos fazem sentir algo que não mais poder-se-ia reduzir ao mero conceito prévio de vingança, assim como algum crítico literário disse alguma vez que Proust descreve certos sentimentos para os quais ainda não existe nome; não é ciúme, não é inveja, não é medo (é claro – e isso se diz em meu livro – que a literatura já era logopática muito antes de o cinema nascer).

O cinema não narrativo – estilo Godard e tantos outros – mostra isso de maneira chocante, porque nesses filmes simplesmente não há nada prévio bem determinado para "ilustrar"; tudo será gerado a partir da potência tremenda da imagem; o intelectualista, se ele quiser, poderá trazer a sua cultura escrita à tona para acrescentar alguns elementos à sua interação com o filme, mas isso terá sido a sua escolha e não nenhuma necessidade da recepção; um espectador que simplesmente ficasse esmagado pela imagem sem dizer palavra, sem precisar "comentar" nada, teria recebido o filme adequadamente (e talvez da maneira mais adequada!). A imagem tremenda ultrapassa qualquer conteúdo discursivo; o que pensa no cinema é precisamente a imagem logopática, e não o mero texto, não a mera história (e isso acontece, creio, inclusive nos filmes mais tradicionalmente narrativos; jamais o filme se reduz à história, a seus conteúdos articulados). Os filmes, em minha visão, não ilustram conteúdos escritos prévios (nem mesmo nas "transcrições" cinematográficas de obras literárias); ao contrário, após a revolução logopática, são os filmes que fazem os textos dizerem alguma coisa ao ultrapassá-los.

Por isso me chamou muito a atenção que você, após ter escrito tudo o que escreveu sobre cinema em seus livros, depois de ter concordado com a ideia de que o cinema cria conceitos, de ter pensado a imagem como o apanágio de uma "filosofia nova" e de ter cunhado o belíssimo conceito de "selvageria da forma", recoloque a questão intelectualista! Parecia-me que já estávamos muito além disso! Talvez não tenha entendido nada do que você queria perguntar? É possível! Mas por meio de confusões, mal-entendidos e injustiças também o *Diálogo/cinema* pode continuar acontecendo. Você não acha?

Para terminar: a tua última carta me deu alguns subsídios preciosos para tecer a hipótese de que talvez possa estar havendo aqui um obstáculo *político* para a compreensão da coisa mesma, talvez pela tua longa estada em territórios frankfurtianos. Segundo uma posição política bem conhecida no Brasil, as imagens podem transmitir ideologias nocivas que somente as reflexões oral e escrita podem exorcizar; a escrita seria o lugar da lucidez, a imagem, o lugar do irracional e a persuasão ideológica, ou seja, o cinema visto dentro da "indústria cultural". Essa ideia não é em absoluto errada. Os mecanismos pelos quais "as instituições organizam e administram as imagens como formas de linguagem, como meios de controle e dominação dos indivíduos" existem, mas a filosofia não está livre deles, não é nada que tenha a ver com cinema ou imagens; *também a filosofia escrita e "profissionalizada" está hoje dentro da indústria cultural,* organizada e administrada pelas instituições como meio de controle e dominação dos indivíduos. Não há nada de intrinsecamente alienado na imagem nem de intrinsecamente liberador nos discursos.

Nesse sentido, não assumo a filosofia (muito menos o cinema!) como guiada por um impulso ético, mas, em todo caso, por um impulso de esclarecimento. E o esclarecimento (*vide* Nietzsche) poderia contestar radicalmente as tradicionais exigências morais (às quais, creio eu, os filósofos de Frankfurt permaneceram ligados). Mas isso é tema de uma carta específica, e eu teria que organizar melhor as minhas ideias.

E como é isso de que eu escrevo demais? Ambos temos a mesma quantidade de livros, embora os meus sejam infinitamente menos encantadores que os seus (jamais farei algo tão sutil e delicioso como *Filosofia cinza*).

Abraços (logopáticos, claro),
Julio Cabrera

São Paulo, 4 de março de 2012.

Cabrera, a ideia de repensar a filosofia nos termos da cultura em que ela se constrói é mais do que urgente. Lembro-me de Adorno e de alguns intelectuais alemães bem próximos a ele que escreveram sobre a importância de pensar a filosofia depois da psicanálise, e também depois de Auschwitz. Eu sempre acrescento que é importante pensar a filosofia também depois do feminismo. Gosto da sua ideia de pensá-la depois do cinema. Eu estudei artes e, durante a pesquisa de um pós-doutorado em história da arte, abandonei justamente a ideia de história da arte, voltando-me à perspectiva de estudos visuais, justamente porque não me parece mais possível pensar a imagem como questão da pintura ou das artes gráficas somente, depois do advento das imagens técnicas da fotografia e do cinema. Enfim, é preciso, como você diz de um jeito muito convincente, pensar a filosofia com o cinema, que já estava nela inserido de um outro modo, como uma potência de linguagem, antes de ter entrado na básica história que conhecemos. Demorei, por mais que eu me esforçasse, para entender que você chama de cinema um modo de ser da linguagem e da forma filosófica.

Isso nos faz pensar que é preciso levar em conta o lugar da filosofia na era do visual, depois da televisão e também na era da indústria cultural, depois do rock. Sem moralismo e com muito imoralismo esclarecedor (só pra provocá-lo com muito Adorno e Nietzsche, pois os dois eram muito parecidos no conteúdo, não na forma). Daí que eu esteja atualmente me dedicando a uma investigação em forma de trilogia: rock, drogas, adolescência. Sobre isso queria dizer algo que aparentemente não tem nada a ver com o nosso assunto, a saber: não gosto muito da ideia de uma "filosofia pop", embora tenha um livrinho com esse título, porque a considero imprecisa, mas, à medida que avanço na reflexão sobre o meu tema tripartido ou trimultiplicado, me convenço de que a coisa é mais interessante do que eu imaginava. Não penso em uma filosofia pop/popular, mas em uma filosofia que se entrega às sobras, aos objetos desprezados pelo pensamento tradicional, erudito, do qual também gosto muito, mas que, por ser muito metido a besta, merece uma rasteira bem dada.

Então, considero que o nosso caminho, bem como o de outros poucos, leva à construção de uma filosofia na aventura da existência. Acho que sempre foi assim com os filósofos grandes, lógicos ou páticos, segundo sua terminologia, mas nos esquecemos disso.

E, pensando por aí, me alegro de que você tenha capturado a minha contradição. Eu gostaria de comentá-la, sem desmanchá-la. Penso que a contradição perturba e pode tornar os pensamentos inúteis, mas também pode revelar alguma verdade. Você vai dizer que sou muito "dialética negativa", influenciada por Marx e Adorno e Benjamin e quem mais for. Se você o disser, não me importarei, pois sei que nunca diria isso de um jeito bobo ou acusatório. Entenda-me, fora desta carta nunca na vida eu direi que sou marxista, adorniana ou usarei qualquer das carteirinhas dos clubinhos acadêmicos. Sou habitante das margens, prefiro a classificação de ariranha, capivara, jacaré ou algo assim.

Mas me deixe tentar explicar: penso como você que o cinema está carregado de conceitos, que ele os cria, e entendi que as imagens são conceitos. Nunca entendi que uma ideia pronta projetada na forma de um filme resolva o seu conceito de cinema. A forma seria mais o conteúdo que se sedimenta ou a forma que se autoquestiona. O conceito é algo que se constrói na forma ou por meio dela se revela.

Em particular, gosto das ideias de Tarkóvski, de que a montagem já está na imagem e a imagem, na vida. Penso que isso vale para conceitos. Logo, elimino a ideia de que os conceitos seriam apenas falados e não se dariam na forma de imagens. Meu problema é bem sutil e até, posso dizer, chatinho mesmo. A propósito, não se incomode com esse tipo de epistemologia selvagem que estou usando, por favor. Esses conceitos-imagens ou imagens-conceitos, ainda que sumamente retóricos, referenciais, carregados de conteúdo e de forma, de paixão, de afetos, de ideia, mostram algo que podemos dizer que é "verdadeiro". É assim que eles são recebidos no sistema sensível dos corpos humanos, nos quais devemos sempre incluir os olhos. No entanto, meu problema continua, pois, quando eu digo "conceito", não quero dizer imediatamente "pensamento". Se imagens são conceitos, os conceitos estão todos por aí, assim como as imagens. Não há nenhum modo de o vivente humano se relacionar com o mundo senão por meio deles. Uso imagem também em um sentido amplo: imagem mental, visual, auditiva, tátil, gustativa, olfativa... e o que mais for possível para compor o campo da "medialidade". Vi esse termo num filósofo chamado Emanuele Coccia e desde então o uso livremente.

A propaganda, que é o circuito mais carente de pensamento reflexivo que há, usa conceitos e imagens e conceitos-imagens demais contra qualquer ideia de "esclarecimento" no sentido usado por você. Eu entendi esclarecimento no sentido do meu "pensamento". Assim, claro, também usei o termo "pensamento" em sentido muito amplo e me expressei pouco, pois eu queria mesmo era dizer "reflexão", ou seja, pensamento de pensamento. (A propósito, não interessa aqui, mas Adorno é muito mais radical na análise e no uso do esclarecimento do que Kant e Nietzsche.)

Para mim, felizmente ou não, todo pensamento sobre o pensamento só tem graça se é crítico. Pode ser um limite meu, e pode ser muito ruim esse limite. Mas aí ficarei no meu limite. Um conceito não é um pensamento de pensamento nesse sentido, porque ele não é por si só reflexivo. Ele precisa para isso de mediação de outro conceito, de outra imagem, de uma palavra, de uma pichação, de um risco, nem que seja de um arranhão. E aí é que eu tinha a dúvida sobre as palavras. Eu achava que palavras eram mediações para imagens em um âmbito que pressupunha reflexão. Quero dizer, mais fácil refletir (o que para mim significa mediar alguma coisa com alguma outra coisa) por meio de palavras (e sua complexidade) do que com arranhões ou, acrescentemos, tapas e socos (ainda que isso também seja possível). Mas que palavras sejam mediações para imagens não é verdade absoluta na teoria, embora seja algo simples de se dizer na prática mais elementar do cotidiano no qual encontramos todos os limites das teorias reflexivas e o sem-limite das teorias conservadoras. E, na prática, também é mais do que verdadeiro o que você diz sobre o fato de que "não há nada de intrinsecamente alienado na imagem nem de intrinsecamente liberador nos discursos". Claro que, com amor e devoção páticos ao esclarecimento (lembrando que a razão é o mais poderoso dos afetos), eu concordo.

Mas vou usar um exemplo para me expressar melhor. Lembro-me da Bienal do Mercosul, que há alguns anos passou a usar um ícone formado por um ponto simples que servia de eixo para dois pontos de interrogação, um virado para cima e o outro para baixo. Não sei como se chama em espanhol o ponto de interrogação virado de cabeça para baixo que vai no começo da frase. Se é que há nome para isso. Lembro que, na primeira vez em que vi o ícone – aliás, publicitário – da Bienal, entendi que a arte era para pensar. Mais ainda, que alguém tinha se dado conta de que a arte pensa. Bom, isso já dizia mesmo Adorno em sua teoria estética. E antes Schelling já tinha explicado que a arte estava sempre na frente da filosofia em termos de conhecimento. Mas Adorno dizia também que a filosofia ajudava nesse pensamento da arte. Daí que eu fique pensando que, mesmo que a gente faça filosofia por imagens, é preciso que haja toda uma história das mediações para que possamos compreender as imagens. Hoje em dia aquela área chamada antropologia visual bem que ajuda nisso de uma filosofia muda. A tese inteira de um doutor em antropologia visual vem sem uma palavra.

Continuando: as imagens chegam até nós e nos fazem pensar, eu concordo, mas esse pensamento nem sempre é qualificadamente filosófico. Quer dizer, a novela é imagem e, embora faça pensar um pouco, não faz pensar demais, assim com o outdoor, etc. Claro, pois não existe pensamento fora do contexto histórico-social em que se estabelecem suas determinações, por isso também a filosofia pode muitas vezes não pensar mais do que a novela. E agora? Não é o mesmo "pensamento único", o pensamento do senso comum, o pensamento sem crítica que se revela aí? Que pensamento é esse? Não é filosófico. Se for, me avise, que prefiro, nesse caso, sair da filosofia pela janela agora.

Outra coisa, nesse sentido, como conceitos não mais que banais, não seriam as imagens cotidianas de certo modo "conceitos tradicionais"? Se for isso, eu me mudo de vez para a literatura, pois lá posso me entregar a deliciosas imagens sem conceitos, conceitos sem imagens, imagens-conceito, conceitos-imagens e sem ter que pagar a conta da filosofia.

Mas, afinal, o que sobra para a filosofia? Não implodiria, a propósito, em meio a tudo isso a ideia de "conceito tradicional" da "filosofia tradicional"? Afinal, de fato, a filosofia tradicional não existe senão como camuflagem das imagens que ela mesma usa enquanto vende a ideia de que a linguagem discursiva seria o oposto das imagens? Se nas artes uma pintura de Pollock faz pensar mais do que muita filosofia que há por aí, o que há ainda para a filosofia?

Há um filósofo de quem eu gosto muito e que me inspirou para uma ideia de conceito que me interessa ainda. É Vilém Flusser. Um tempo atrás, eu gostava de dizer que Flusser era o único filósofo brasileiro que eu conhecia e que ele não era brasileiro. Desde que comecei a acompanhar sua obra, Cabrera, tenho dito que conheço outro filósofo brasileiro e que, como Flusser, não é brasileiro. Flusser escreveu um texto sobre o design. Eu entendo que o design é o conceito e que o conceito é o design interno das coisas. Design é o desenho, a referência formal. Pode ser tranquilamente criado ou descoberto num processo de dissecação teórico. Voltando à questão, claro que você não usa o conceito como um instrumento meramente lógico. Na sua teoria, o conceito é "logopático" justamente porque agregou em si o elemento sensível, ou seja, a "medialidade", que é renegada pelo racionalismo, que se apropriou historicamente dos conceitos como se eles não fossem feitos de imagens. Você viu no cinema a reconciliação entre a razão e a sensibilidade tão sonhada por tantos pensadores. Essa história racionalista, na verdade, teria operado uma separação artificiosa e ideológica com intenções perigosas. Voltamos às imagens, e os conceitos recuperam a sua metade perdida tornando-se o que de fato são. Entendo que você mostra isso ao falar de Platão.

Se entendo bem, isso significa que o que você chama de cinema é a forma da linguagem em que imagens e palavras têm o mesmo estatuto. Umas são as outras, e todas vêm carregadas de graus diferentes de afetos e raciocínios. O cinema é, na sua teoria, o novo velho *logos* dos gregos, que já tinha um certo grau de manchas sensíveis que o racionalismo arrancava com pinças assépticas no ato cirúrgico do pensamento. No entanto, em sua teoria você dispõe do peso da história da coisa concreta que é o cinema tecnológico propriamente dito, um tanto diferente do que Platão fez com a formulação da alegoria da caverna.

Não vou mais chateá-lo com o que você considera superado. É que me enredo novamente nas palavras faladas e escritas, das quais podemos, sem dúvida, prescindir para fazer filosofia. Em geral eu digo que podemos deixar as escritas, mas que precisamos das faladas. Podíamos inventar mesmo a filosofia/silêncio, a filosofia/mudez, já que, como você disse, somos "filósofos mudos". Gosto dessa parte. Vou continuar preferindo as palavras, pois as considero meios simples e práticos de exercício de relações, ainda que eu reconheça seus limites, superados apenas na poesia e na prosa ou nos grandes esforços do "dizer" de alguns teóricos. Certamente poderíamos usar imagens em nossos meios de comunicação mais diretos e poderíamos ficar calados. Quanta gente, aliás, devia praticar o silêncio como favor à humanidade. Alexander Kluge ou Tarkóvski são, nesse sentido, filósofos incríveis. E pouco os entendemos. Assim como pouco se entendem Marx e Adorno. Meus antifilósofos preferidos com Nietzsche. São todos muito parecidos, como já disse.

O que eu queria contar para você nesta carta é que, usando seu procedimento de *O cinema pensa*, tive um encontro com meus alunos em que cruzamos *Trainspotting* e *O mito de Sísifo*. A pergunta do filme de Danny Boyle e do livro de Camus é a mesma, porém, enquanto Camus conduz a conversa para um enfrentamento do caráter tremendo do sentido, Boyle conduz seu personagem ao conflito entre a vida e a heroína, sem que o sentido seja uma alternativa. Fora da filosofia o mundo é cínico. Fora da filosofia o mundo é mais verdadeiro, pois, como diz Renton, o protagonista de *Trainspotting*: "É fácil filosofar quando o outro é que está fodido".

Resolvidos os nossos problemas epistemológicos, fico sempre preocupada com a transformação das pessoas em "vidiotas". Você pode dizer que sou moralista, eu direi que sou imoralista, e a nossa conversa pode continuar por esse caminho se você achar que vale a pena.

Saudações antifilosóficas,
Marcia

Brasília, 17 de março de 2012.

Marcia Tiburi,

O cinema tem vários acessos: indústria, arte, tecnologia, divertimento, terapia e reflexão, entre muitas outras coisas; não o estamos obrigando a ser apenas reflexão, filosofia, criação de conceitos, deixando de lado todos os outros acessos?

Podemos nos justificar dizendo que não nos desviamos realmente do nosso assunto, que estamos nos indagando sobre o modo de ser do cinema, mas que o fazemos de tal forma a redefinir com isso o modo de ser mesmo da reflexão filosófica, como não atrelada a nenhum médium em particular (escrito, oral, visual). Confesso que a tua última carta me pareceu densa e difícil de entender em várias passagens; lembrou-me a certos momentos do *Olho de vidro*, que me custaram singulares suores hermenêuticos. Mas penso que também você tem dificuldades em me entender, pois cada um de nós tem uma formação, um desregrado universo de obsessões, uma sensibilidade peculiar, e é sempre difícil transitar transversalmente por universos. (Temos enormes dificuldades em entender um texto de Hegel, mas não teria Hegel enormes dificuldades em entender um texto nosso?)

Creio que das últimas cartas está surgindo a ideia de escrita e imagem interagirem, de serem uma a mediação da outra, sem primazias (bom, é isso o que significa logo-pático). Não tenho problemas em admitir que não há pensamento no cinema sem a linguagem falada, se admitirmos, no mesmíssimo tempo, que não haveria pensamento na filosofia sem a linguagem de imagens. Podemos ter preferências pessoais por uma ou outra, mas nenhuma chance de mostrar filosoficamente algum tipo de primazia objetiva. Nesse sentido, assim como a filosofia se redefine após o cinema (e após tantas outras coisas, como você bem coloca), também o cinema se redefine em contato com a filosofia (e com a psicanálise, e com a literatura, etc). Ou seja: aceitemos uma teia de aranha sem centros privilegiados na qual os discursos transitam uns em direção aos outros sem hegemonias definitivas.

Na tua carta, você introduz uma distinção que eu nunca fiz entre conceito e pensamento (ou reflexão). É uma distinção útil, e terei que elaborá-la melhor. Para mim, os conceitos eram sempre também pensamento reflexivo, de diferentes graus de agudeza e caráter crítico, enquanto você parece conferir uma qualificação mais nobre aos pensamentos do que aos meros conceitos; essa nobreza estaria dada pelo caráter crítico e esclarecedor dos conceitos capazes de virarem pensamento reflexivo. Haveria, pois, conceitos carentes de pensamento reflexivo (como nas propagandas) e outros com ele (como, suponho, nas filosofias críticas).

Penso que não levei em conta essa exigência quase normativa quando escrevi *O cinema pensa*; a prova está em eu ter colocado, por exemplo, Steven Spielberg como filósofo visual. Creio ter uma concepção realmente amoral de "conceito", e você agora me faz ver isso claramente. Penso que Spielberg e as propagandas geram conceitos e estes captam inevitavelmente alguma coisa que pode ser esclarecedora e crítica; lembre que, quando nos debruçamos sobre um filme (ou sobre uma propaganda ou sobre um livro), os filósofos somos nós; nós é que iremos ou não "descobrir" reflexão crítica nessas coisas; um filme, uma propaganda ou mesmo um livro podem ser tão irreflexivos quanto você quiser; seremos nós os capazes de transfigurá-los em geradores de esclarecimento.

De maneira que estou disposto a aceitar a tua distinção entre conceito e pensamento, mas talvez acrescentando que, a princípio, todo e qualquer conceito pode virar pensamento reflexivo (isso, eu creio, você não aceitará, mas vou arriscar); os conceitos não têm cravada na testa a sua nobreza reflexiva. Ao contrário, penso que você dá maior importância a essa moralização dos conceitos (me engano?) quando declara que, para você: "todo pensamento sobre o pensamento só tem graça se é crítico". Mas não me fica claro se concordamos ou não em não aceitar lugares críticos (ou carentes de crítica) fixos: para mim, há filmes comerciais que refletem e livros de filosofia que alienam. É o que eu tendo a pensar, inclusive com a minha escandalosa afirmação de uma carta anterior (e à qual surpreendentemente você não reagiu) de que a filosofia – entendida como "filosofia profissional" – faria parte da indústria cultural. (De certa forma, você não acha que a filosofia das universidades virou pura propaganda da "grande filosofia europeia"?)

Nesse viés interativo, então, a afirmação de que "palavras sejam mediações para imagens" teria que se completar com a afirmação contrária: imagens são mediações para palavras. Igualmente, quando dizes: "mesmo que a gente faça filosofia por imagens, é preciso que haja toda uma história das mediações para que possamos compreender as imagens", eu aceito isso somente se admitirmos também o contrário: mesmo fazendo filosofia escrita, é preciso uma história das mediações para que possamos compreender a escrita. Se entendermos essa história como o que efetivamente aconteceu no tempo (não precisamos entendê-lo assim), é claro que a pobre história do cinema – apenas centenária – será derrotada pelo peso autoritário da história milenar da filosofia europeia. As mediações escritas se impõem sobre as imagéticas, mas isso não deveria impedir-nos de ver aqui um movimento de mão dupla.

"O que sobra para a filosofia?" Bom, se não fosse pela sua crescente institucionalização, deveria sobrar o experimentalismo de novas formas de expressão de pensamentos (algo que tento fazer dentro do meu grupo Fibral em Brasília). Se Pollock faz pensar mais do que muita filosofia, é porque a filosofia se engessou em formas desinteressantes e monótonas de exposição de ideias, como dissertações de mestrado e teses de doutorado, com seus estilos às vezes insuportáveis de ler; parece-me que as tuas intuições vão pelo mesmo caminho quando trazes à tona Vilém Flusser (também um de meus favoritos), algo que já fazias no *Diálogo/desenho*. Se a filosofia não experimentar com seu próprio corpo, se ela não se tornar diversificada e livre, a resposta será: não sobra nada! Se o cinema pensa mostrando, resta à filosofia aprender a mostrar pensando. Sensibilizar o pensamento.

Quando dizes que "poderíamos usar imagens em nossos meios de comunicação mais diretos e poderíamos ficar calados", replico que, precisamente, quando o cinema usa imagens para refletir, ele não fica calado (a não ser apenas da perspectiva da escrita como referência); a imagem não é silenciosa e, se o que se mostra precisa da mediação da escrita, precisa dela tanto quanto a escrita precisa da imagem. Kierkegaard publicou em 1843 um texto curto chamado "A repetição", uma reflexão escrita sobre a possibilidade e o significado da repetição dentro da existência; se ganhamos ou se perdemos algo com a repetição; por exemplo, quando se volta a um lugar onde já se esteve antes, será mesmo possível "repetir" a experiência? (o conhecido caso do casal em crise que decide viajar novamente ao lugar onde se amaram); Kierkegaard sustenta que o amor-repetição é o único verdadeiramente jubiloso e que a vida mesma é essencialmente repetição, a própria seriedade da existência.

Ora, o filme de Jim Jarmusch, *The limits of control*,* pode ser visto como uma especulação visual acerca da repetição. Não se trata de buscar as ideias de Kierkegaard no filme de Jarmusch (como

---

* Em português: *Os limites do controle*.

fariam muitos pedagogos querendo utilizar o cinema em sala de aula). A vivência da repetição surge das próprias entranhas do filme por meio de uma riquíssima expressão que exige infinita paciência por parte do espectador, que se entedia, entre outras coisas, porque continua mantendo a escrita como referência do que está visualizando. As exigências da "história" tornam as imagens de Jarmusch insuportavelmente lentas e desinteressantes, mas esse sentimento é precisamente uma consequência do caráter visual da experiência, que não permite acréscimos externos ao que está sendo vivido.

O que afirmo em meus livros é que é possível uma reflexão imagética de uma questão filosófica, que poderá mais tarde ser narrada em palavras, mas que não está feita de palavras nem delas precisa de maneira compulsiva. Tampouco se trata de procurar filmes que "tratem acerca da" repetição, mas que coloquem a repetição em imagens, no plano do existido, provocando repulsas e incômodos que levem a pensar no assunto com todo o corpo.

Num nível metacinematográfico, Gus Van Sant já tinha colocado a questão da repetição ao refilmar *Psicose* no fim da década de 1990. A maioria dos críticos achou esse filme dispensável e pretensioso, como se Van Sant tivesse pretendido superar Hitchcock, quando, na verdade, ele refilmou o clássico cena por cena precisamente para mostrar que o original era insuperável. Van Sant fez com *Psicose* o que Pierre Menard fez com o Quixote no famoso conto de Borges, "Pierre Menard, autor do Quixote". Aqui a repetição é tematizada sem nenhuma referência assimétrica à palavra escrita.

Talvez eu não tenha entendido nada das sutilezas da tua arguição, mas, de qualquer forma, prossigamos essa deliciosa experiência de mútua incompreensão, e não será isso, afinal de contas, o melhor que temos para oferecer ao leitor?

Beijos repetidos,
Julio Cabrera

São Paulo, 3 de abril de 2012.

Querido Julio Cabrera,

Como gosto mais das coisas que não entendo do que das que penso que entendo, adorei receber o seu curiosíssimo *El lógico y la bestia*. Desejo lê-lo atentamente o mais rápido possível (ou seja, sem ironia, nos próximos "tempos", que podem ser dias, meses, anos) para compreender o que é um "logograma" e por que ele é "diversão para filósofos". Sua ousadia é impressionante.

Digo isso para afirmar também que nosso "desentendimento" é para mim uma fonte de sincera alegria. Verdade que prefiro os textos e as obras borradas e ruidosas que nos obrigam a esforços visuais, auditivos ou conceituais permitindo outras percepções e sensações. O entendimento puro e simples não me comove, daí que o que você vem chamando de "logopático" seja mesmo uma formulação adorável para mim porque ela me explica também: eu sinto-penso, penso-sinto.

Assino embaixo tudo o que você diz, assumo todas as críticas que você sugere à filosofia. Concordo totalmente com sua ideia quanto à natureza mesma da reflexão filosófica, "como não atrelada a nenhum médium em particular (escrito, oral, visual)". Não sou eu quem vai defender a filosofia acadêmica (perfeita sua comparação da filosofia acadêmica como indústria cultural; essa analogia eu invejei; se eu aparecer usando-a por aí, não me condene à fogueira do plágio!!!) ou uma forma própria para a filosofia relacionada a um "médium"; antes quero ver onde podemos inventar e reconhecer a filosofia como algo que está "escrito" das mais diversas maneiras no livro do mundo. Suas colocações realmente me ajudam a entender melhor o que você quer dizer em relação a cinema e filosofia e, por isso, apesar de eu gostar do desentendimento, e preferir os afetos, acho que entendi um tanto de coisas. Lendo seus livros, tudo isso pode já estar ali, já exposto, mas o diálogo tem esse poder de dar vida às ideias pelo trabalho da dúvida, que aqui pode ser testada *ad nauseam*.

Só gostaria de rapidamente lançar mais uma distinção esperando não nos fazer parar ainda mais o assunto "cinema" em nome do assunto "filosofia" (levando em conta, claro, que essa distinção é aqui um tanto desnecessária, pois nosso livro é, como combinamos desde o início, um filme...). Refiro-me à distinção que deve existir entre moral e crítica. A crítica, a meu ver é o que há de mais imoral. Quando você diz que "todo e qualquer conceito pode virar pensamento reflexivo (isso, eu creio, você não aceitará, mas vou arriscar)", eu só posso aceitar. Porque penso que a crítica não é "amoral", mas imoral mesmo. E por isso, a meu ver, a crítica pode ser até ética, já que penso que ética é um questionamento da moral, mas ainda preocupado em criar uma moral melhor. A crítica pode também ser antiética porque seu comprometimento é com algo que podemos aqui chamar de "verdade", inclusive para dizer que essa coisa não existe. A crítica é contra a moral como conjunto de ideias vigentes que assumem validade por repetição, por vantagens que possam trazer aos grupos sociais ou aos indivíduos que as defendem. Crítica para mim é aventura no campo dos conceitos, doa a quem doer, custe o que custar, até as últimas consequências. Nesse sentido, podemos julgar moralmente que Spielberg seja um cineasta "vendido" moralmente e, no entanto, podem aparecer em suas obras conteúdos críticos que escapam das formulações estéticas mais afeitas à forma mercadoria. Claro que, nesse caso, estou entendendo "moral" como um acordo que o discurso faz com a validade moral que está em voga. Eu não julgo Spielberg moralmente, porque tento ficar sempre fora da moral e, por isso, posso entender que ele possa até fazer crítica. Crítica estética, crítica da metafísica não têm nada a ver com moral. Não sei se entendi bem, mas me pareceu que você estava confundindo propositalmente as duas coisas para me fazer parecer uma filósofa moral. Embora muitas vezes não possa, é claro, garantir que eu inconscientemente não o seja. Resumindo, quero dizer que, se Godard é eminentemente crítico, ele pode também apresentar conteúdos morais (preconceitos) ou éticos (crítica dos preconceitos) ou imorais (crítica de desmontagem da visão de mundo) no modo como trata a forma cinema. Vamos chamar assim de "forma cinema". Ela pode ser moral ou crítica uma vez que pode apresentar conteúdos morais ou críticos de modo invertido. Isso vale também para o romance e todas as formas de arte. Vale para todas as formas de filosofia. Suspeito de que o seu *El lógico y la bestia*, bem como o *Porque te amo, não nascerás* são éticos e imorais ao mesmo tempo. Como uma forma que não combina com um conteúdo. Não estou bem certa de que essa distinção funcione, mas coloco-a para ver o que você acha. Daí que a sua frase "os conceitos não têm cravada na testa a sua nobreza reflexiva" me parece totalmente óbvia, com todo o carinho que temos que ter pelas coisas óbvias. E que eu só possa assinar embaixo de sua outra frase "não aceitar lugares críticos (ou carentes de crítica) fixos: para mim, há filmes comerciais que refletem e livros de filosofia que alienam".

Mas para tentar ir além das simples concordâncias que exponho acima, sem, ao mesmo tempo, sair do campo das concordâncias, quero dizer que há uma frase no seu texto que me sinaliza para uma compreensão, um entendimento, um além, um fruto do desentendimento com o qual me animo ao escrever para você e lê-lo. Quando você diz que "O que afirmo em meus livros é que é possível uma reflexão imagética de uma questão filosófica, que poderá mais tarde ser narrada em palavras, mas que não está feita de palavras nem delas precisa de maneira compulsiva", vejo que o que você descobre nos filmes é justamente uma outra forma de experiência filosófica. Há um passo além daquilo que você disse com "consequência do caráter visual da experiência, que não permite acréscimos externos ao que está sendo vivido" relativamente ao filme de Jarmusch *The limits of control*. Vejo que aqui a "experiência" pode ser a nossa capacidade de estarmos concentrados em um lugar sentindo-pensando ou, para usar o seu rico termo de um modo um pouco menos elegante: "logopatizando". É nesse sentido que você explica que o cinema pensa e só pensa porque estamos lá para pensar, mas não porque haja uma primazia do sujeito ou do objeto, antes porque há uma experiência, um "encontro" das diferenças. Assim, cinema é, a meu ver, também diálogo e, por isso, justamente filosofia. Filosofia é esse movimento dos desentendimentos sem limites formais, aventura mais do que busca, embora não deixe de ser busca também.

Complicado é definir quando se dá o "encontro" para que possa acontecer o dia-*logos* (a passagem de um *logos* ao outro, considerando que, no cinema, acrescentamos o dia-*logos-pathos*). Pensar só é possível quando é possível o encontro, e esse encontro pode ser entendimento ou desentendimento (como o que acontece nas páginas deste nosso livrinho). Lembro-me de quando fui assistir a *Dogville*, de Lars von Trier, no cinema, e fiquei observando que as pessoas saíam logo que o filme – que demoraria mais três horas – começava, negando-se à experiência. E de mim mesma, quando fui ver *Biutiful*, de Alejandro Iñárritu, quando liguei a lanterna do telefone celular e comecei a ler o livro que tinha na bolsa, até que não aguentei mais e saí praticamente em fuga. Era *pathos* demais para o meu *logos*. Não acontecia esse encontro entre o que em mim pensa (seja a razão ou o entendimento) e o que em mim imagina (a minha faculdadezinha da imaginação tal como a descreveu Kant se sente muito ofendida quando vê certos filmes e só é salva pela capacidade de julgar que vem me dizendo "paciência, é só um filme"). Quero dizer, tudo isso de ver um filme, ou de fazer filosofia, diz inevitavelmente da vida que vivemos todos os dias. Das coisas que valorizamos ou não. Das que queremos, desejamos ou suportamos. E por isso me aparece a questão: "quando podemos e quando não podemos fazer experiência?". Refiro-me a uma potência do "espectador" para a qual não estamos todos preparados. Como não estamos preparados para pensar. Nem para sentir... Como não estamos preparados para viver...

Penso que isso faz toda a diferença naquilo que define a experiência com o cinema (que nos levará a uma outra experiência com a vida). Veja, nesse caso, eu e você estamos na experiência única de escrever essas cartas pensando que elas vão virar um livro. Estamos crendo e desejando que vamos inventar/descobrir conceitos novos ou, pelo menos, vamos rir muito e nos deparar com nossas ignorâncias (repito: a minha sempre me dá as minhas maiores alegrias). Pode dar tudo errado, podemos nos desentender, mas estamos movidos por um desejo e ajudamos o desejo tentando entender. Esse desejo é nossa potência. Para falar como Deleuze de Spinoza: deixamo-nos afetar... Por isso que "não entender" não é problema desde que isso não atrapalhe o afeto (o bom afeto).

Estou pensando aqui na natureza da experiência da qual o "experiente" é parte. Nesse caso, coloco a questão assim: como e quando "podemos" ver um filme, seja esse filme de Spielberg, seja de Godard? Só podemos perguntar isso, levando em conta "como e quando" tantos outros só "podem", no sentido de se permitirem ou terem acesso à experiência, ver Big Brother Brasil ou um reality show qualquer. É evidente o empobrecimento da experiência da visão. É verdade que todos "repetimos" (para usar a sua questão) o mesmo "ato" de ver. Ver é experiência cotidiana universal. Mas há uma diferença séria entre os atos de ver. Poderíamos fundar aqui uma teoria dos atos da visão... Ou não? Você dirá que novamente eu volto à "moral" porque quero opor o televisual da televisão, o *BBB*, por exemplo, ao cinema de Spielberg, de Godard ou de Jim Jarmusch. Não penso que estou na moral simplesmente. Penso que os níveis de experiência (ou estádios, como gostava Kierkegaard) do ético, do estético e do metafísico são entrelaçados e compõem o que podemos compreender como o grande sistema do olhar que se completa no grande sistema da imagem (que não é só visual, há imagem sonora, o que mostra que o cinema é complexa imagem audiovisual). Não podemos separar o sentir do pensar, nesse caso, mas que certas experiências soterram o pensamento enquanto outras soterram a reflexão. Olhar, assim, é um tipo de experiência que pode acontecer com ou sem logopatia. Não será verdade que estamos anestesiados como dizem por aí? E é bem provável que pensar e sentir saiam prejudicados em certas experiências que fazemos.

Podemos até dizer que certas experiências audiovisuais não são experiências, ou destroem a experiência, numa analogia com o que dizia W. Benjamin sobre o que era vivido na guerra. Da guerra saímos mudos, segundo ele. Da frente da tevê também saímos mudos. Não temos o que comentar a não ser como repetição de um dado, uma constatação, uma tautologia. A televisão é, nesse caso, a morte do olhar, a morte do sujeito, a morte da reflexão pela afirmação da tautologia. Já o cinema, não. E aí é que eu entendo que o cinema pensa. E que a experiência do olhar no cinema é totalmente outra. Não porque ele mostre conceitos pura e simplesmente, claro que não é apenas isso. Mas porque as imagens do cinema têm um estatuto diferente do que vemos na tevê. Aí é o que entendo a imagem-pensamento com que você trabalha e, antes de você, mas de um jeito um tanto diferente, Walter Benjamin.

O fato de que saímos do filme precisando comentar com alguém aquilo que vimos justifica a imagem audiovisual cinematográfica como sendo carregada de uma espécie de abertura que caracteriza a reflexão. A reflexão é o desentendimento da imagem que faz pensar. E que, com toda a sua contundência ou a sua assertividade, é, ao mesmo tempo, aberta, carregada de indefinição, de dúvida. É como se a imagem no cinema sustentasse uma distância, um dado não imediato que na televisão precisa ser ocultado pela impressão de realidade. Nesse sentido, o cinema tem mesmo uma pergunta, um ponto de interrogação, como um sistema, um organismo, um fato que, para ser compreendido, precisa ser todo "analisado" e "criticado".

(corte)

A vida e a morte do olhar são a vida e a morte da imagem.

(corte)

O cinema mata o olhar quando ele assume os princípios televisivos, a ilusão de que algo de real foi atingido, de que a realidade foi alcançada. Mas o cinema acorda o olhar quando ele mostra que a imagem ou é de alguma coisa ou é imagem em si mesma, de que a imagem do cinema toca em outro real, inverso ao televisivo, um real como o que os pintores impressionistas queriam tocar com suas pinceladas cuidadosas, bem construídas, avós dos pixels.

(corte)

Deixo essas questões para você se "impressionar" como quem vê um quadro de Cézanne ou Seurat. Volto ao meu romance que se chama *A fábula do imperador chinês*, que é todo feitinho de imagens-palavras, pensamentos-ideias e alguns pixels perdidos no meio das pinceladas num libelo à total selvageria da forma.

Enfim, deixo você com essas impressões e que me responda como quiser, começando pelas vírgulas, pelos conceitos, questões ou simplesmente por algum sentimento provocado, mesmo que ele não seja lógico em ponto nenhum, nem nestes três pontos-finais...

Brasília, 25 de abril de 2012.

Marcia,

Estive aguardando a tua presença em Brasília nesses dias, no meio de informações difusas e contraditórias; tudo leva a pensar que não nos encontraremos dessa vez; estamos destinados a uma plena comunicação distanciada.

Pena que a tua vinda não coincidiu com o Seminário de Ética Negativa acontecido no fim da semana passada, pois há uma conexão entre esse evento e algumas reflexões que quero ainda fazer sobre essa questão da ética. Você foi, como sempre, muito simpática com a minha gafe: eu não identifiquei propositalmente ética com crítica; foi realmente um péssimo entendimento, da minha parte, do teu pensamento. Por isso é que agora prefiro esquecer a moral e falar exclusivamente em crítica. O que eu queria e quero ainda expressar tem a ver com essa pretensa "função crítica" da filosofia diante do papel industrial e de puro divertimento do cinema.

Escrevendo essas cartas para você, me dei conta do caráter odioso e insurgente do título *O cinema pensa* (curiosamente, não é o título original do livro). Deve ser indignante para o filósofo acadêmico ouvir que o cinema pensa. Já indignou, de fato, um filósofo argentino que comentou meu livro no fim da década de 1990, me acusando de estar dando poder filosófico a pessoas (como Spielberg) que já dispõem de enormes âmbitos de poder.

Achei genial que você descobrisse tão agudamente a minha noção insólita de "cinema" como fenômeno independente das tecnologias do século XX. Refiro-me à tua carta de 4 de março, quando você escreve: "Se entendo bem, isso significa que o que você chama de cinema é a forma da linguagem em que imagens e palavras têm o mesmo estatuto. [...] O cinema é, na sua teoria, o novo velho *logos* dos gregos [...] No entanto, em sua teoria você dispõe do peso da história da coisa concreta que é o cinema tecnológico propriamente dito [...]". Sim, você entendeu muito bem, mas aqui fui descaradamente guiado pela ideia de Godard no seu fascinante *Histoire(s) du cinéma* – nunca lançado no Brasil, e que eu trouxe da Argentina na minha última viagem, em quatro DVDs – de que o cinema é, na verdade, um problema do século XIX (pelo menos), de que o cinema é independente da sua instauração tecnológica. Adoro essa maneira abstrata de entender o cinema, contra uma imagem muito corriqueira de vê-lo como ligado ao concreto, ao icônico, ao "imediato", ao fotográfico, ao tecnológico. Sim, é isso mesmo: o cinema paira por cima das suas realizações imediatas, e não fazemos a mínima ideia de como ele vai continuar se instaurando nos séculos vindouros.

No *De Hitchcock a Greenaway* explico isso em termos de uma estrutura predicativa – e aqui se vê a marca do meu longo passado de estudos lógicos e linguísticos –; o cinema é *um mecanismo de exclusão-inclusão* que mais significa uma vez que mais coisas ele exclui; a maneira de significar do cinema não tem nada de fotográfico ou de "direto", baseia-se num complexo mecanismo de sentidos ausentes; quem fica no plano do manifesto, no aparentemente "real", não entra, a meu ver, no melhor que o cinema tem a nos propor, naquilo em que ele nos constitui como espectadores; para ver cinema, temos que esquecer o "parecido" daquilo que vemos com algum suposto "real"; o que o cinema ostenta surge *de uma negação a mostrar*, de uma recusa do aparentemente atingível.

Essa é a crucial sutileza da expressão cinematográfica que, creio eu, Adorno e Horkheimer perdem totalmente de vista em suas afirmações sobre cinema em artigos clássicos como "A indústria cultural. O Iluminismo como mistificação das massas" e outros. Não conseguem ver o potencial crítico – no sentido que interessa a eles – do mecanismo predicativo abstrato do cinema, ficando enredados nas teias do aparentemente icônico, repetitivo e massificador.

Eles veem o cinema como indústria do divertimento e como máquina de ganhar dinheiro; como um complexo aparato de formação de públicos irreflexivos e padronizados; como uma infantilização dos critérios à luz de serviços eficientes e bem administrados; como o roubo da imaginação dos espectadores diante de um pretenso "real" perfeitamente convincente; como o veto da atividade mental do espectador onde mesmo as "inovações" (Orson Welles é especificamente mencionado) são vistas como confirmações da validez do sistema; como o cuidadoso evitar qualquer tipo de alento intelectual; como uma forma hipócrita de criação onde convivem a pornografia e o pudor; como uma manipulação dos desejos de forma que eles jamais sejam satisfeitos; como desvio da reflexão sobre a totalidade. Está bem, Marcia, eu realmente confundi crítica com moral na carta anterior, mas parece-me que nessa linha de pensamento filosófico – bastante presente no contexto brasileiro, eu creio – crítica e moralidade (e às vezes até moralismo) se tocam ostensivamente. Não vejo essa visão das coisas como sendo não moral.

A coisa cinema da qual esses autores falam nem sequer se identifica com o cinema norte-americano em todas as suas dimensões, refere-se apenas ao esquema Hollywood e seus desdobramentos em outros países. Impossível não apreender nada acerca do mecanismo abstrativo e crítico do cinema por meio de tal espantalho. Na verdade, eles pensam que o cinema é exatamente o que seus usuários querem que seja; não conferem ao cinema a menor chance de se liberar das mãos dos seus gananciosos organizadores e gerentes; não percebem que o cinema é, em grande medida, uma autocriação; não são capazes de perceber a assustadora autonomia da imagem apesar de eles escreverem seus textos críticos quando muito cinema perverso já tinha sido feito (entendendo por perverso, precisamente, cinema polimorfo, desobediente de normas sobreimpostas e de superegos industriais). A ideia de um cinema crítico é um monstro de sete cabeças para esse conjunto de categorias, um quadrado redondo.

A contrapartida disso é que eles tampouco veem a maneira surpreendente como quase todos os traços da indústria cultural apresentados por eles se aplicam *mutatis mutandis* à filosofia profissionalizada atual, fenômeno que já despontava na época em que eles escreveram. Aqui eu radicalizaria a tua percepção da minha ideia da filosofia como indústria cultural apenas como uma "comparação" ou uma "analogia"; não, eu queria dizer, *literalmente*, que a atual filosofia das universidades é pura indústria cultural, em que a sua declamada "função crítica" é cada vez mais um ornamento. As sutilezas de análises superespecializadas se tornaram, na filosofia profissional, um novo tipo de divertimento intelectual para massas de estudantes, professores e pessoas cultas em geral; os departamentos de filosofia se despolitizaram drasticamente, transformando-se em conjuntos de hiperespecialistas que nem sabem o que seu colega está fazendo e que viajam pelo mundo, financiados com dinheiro público, apresentando descobertas que apenas interessam a seus pares.

A falta de imaginação é gritante; cada vez mais o especialista sabe apenas o que lê e o que é capaz de comentar; não é encorajado nos estudantes o ato ousado de pensar, mas a submissão a padrões de competência profissional perfeitamente seguros; inovações (como as de Orson Welles no cinema) são vistas com ceticismo e ironia; a reflexão sobre a totalidade foi há muito tempo perdida pela especialização em paroxismo; a filosofia deixou de ser aventura singular e comprometida para transformar-se em item acadêmico sem vida e sem engajamento político real.

Então, o cinema (e o teatro, a literatura, a pintura, etc.) pode pensar, e a filosofia pode não fazê-lo. Os lugares da crítica se deslocaram ou, melhor, estão em perpétuo deslocamento. Isso nos faz lembrar o título do velho artigo de Feyerabend, "De como a filosofia estraga o pensamento e o cinema o estimula" (o título é melhor que o conteúdo). Você falou, várias cartas atrás, de uma "política do olhar" – e essa categoria já vinha anunciada em outras obras tuas; é disso precisamente que se trata numa época de despolitização da filosofia e da circulação de *papers* como mercancia. O que vemos por meio do mecanismo predicativo abstrato do cinema (gostaria de poder dar exemplos concretos disso em cartas seguintes) é exatamente a possibilidade de um olhar crítico que se afaste inclusive de toda e qualquer crítica moral.

É claro que eu sou um modesto filósofo do cinema, não um cineasta; um cineasta poderia muito melhor que eu mostrar essa geração extramoral de conceitos, mas a diferença entre um cineasta e um filósofo do cinema é que o primeiro não sabe o que faz e o segundo não faz o que sabe. Lembre que essas nossas cartas são meu primeiro filme, e essas observações são apenas *short cuts*.

Beijos,
Julio Cabrera

Cabrera, hoje é 30 de abril, e estou em São Paulo, onde chove e faz frio. Queria ter visto você em Brasília há uns dias, mas a vida é louca mesmo e quando mais perto às vezes mais longe ficamos. Foi um incrível *desencontro marcado* o nosso. Um dia desses, todo cinza, um ótimo filme quase em preto e branco.

Para continuar nossa conversa, vou começar assinando embaixo de tudo o que você disse acima. Eu gosto muito de Adorno e de Horkheimer, como ficou claro, e concordo, ao mesmo tempo que concordo com você, com tudo o que eles dizem relativamente ao cinema em questão. Acho que Adorno não estava errado. (?) Em outros textos sobre cinema e televisão acho que ele expôs melhor a relação com o mundo do audiovisual no contexto de um "constructo imagético-sonoro ideologicamente apropriado", nas palavras de Rodrigo Duarte, nosso colega da UFMG que faz um excelente trabalho como leitor crítico de Adorno.

Acho que o problema de Adorno não era o cinema como o entendemos, mas a mercadoria sonoro-visual. Quer dizer, o problema dele era estético, mas só quando o estético é transformado em econômico-político. Acho até que seria muita burrice da parte dele simplesmente colocar o cinema em geral como essa coisa do mal e não vejo que ele tenha feito isso de um jeito tão precário. Como será que chamaríamos esse argumento que não admite a contradição que explicaria que o cinema é idiota e ao mesmo tempo não é idiota? Ou que filosofia é uma bobagem e ao mesmo tempo não é? Você matou a charada do texto de Adorno e de Horkheimer: tudo passa pelo crivo da indústria cultural, até a filosofia. Até a filosofia deles mesmos, se não tomarmos cuidado.

Eu não gosto de fazer o papel da defensora de filósofos – mesmo daquele sobre o qual fiz mestrado e doutorado – como se eu pretendesse que a minha interpretação do que disseram fosse a mais verdadeira. Mas por isso mesmo é que teria que estudar mais os textos de Adorno, coisa que prometo (nem sempre cumpro o que prometo) fazer antes que você desista do nosso diálogo. Preocupo-me mais com o que estamos movendo na ordem das ideias do jeito como podemos tratá-las hoje, criá-las, roubá-las, customizá-las, explorá-las. Como filósofa brasileira (acho que agora vou me autodenominar com esse adjetivo nacional para acrescentar um debochezinho ao tom da minha autoafirmação), sou a favor do canibalismo tupinambá mais do que da teoria crítica, porque o canibalismo é mais primitivo e nos dá mais chance de preservarmos o ritual do pensamento contra a escravizante obediência a quem representa a "razão" eurocêntrica, ainda que tenha se tornado autocrítico. Os tupinambás, eis meus ancestrais e estão todos mortos. Adorno e Horkheimer foram devidamente devorados, pois são estrangeiros respeitáveis, e eu queria pegar a força do inimigo. Você também, meu querido, será devorado por todos nós (eu e meus auxiliares xamânicos), e prometemos não salgar sua carne.

A única coisa que vou fazer é esconder a minha linhagem europeia, porque esta me dá uma vergonha que nem sei. Só me salvo porque certos antepassados vieram redimir-se do seu sangue ruim nos subtrópicos de onde venho.

(Além do Adorno, prometo também me autoestudar mais. Li uns trechos do meu próprio *Filosofia cinza* e percebi que estou muito mais perto, literalmente perto, das suas ideias do que eu mesma sabia. Finalmente entendi o que você disse algumas cartas atrás sobre meu próprio pensamento acerca do cinema ao ver meu texto sobre *O livro de cabeceira*, de Peter Greenaway. Sempre digo que minha ignorância me dá minhas maiores alegrias e dessa vez minha re-ignorância, pois se trata de uma ignorância autodirigida a mim mesma – do que eu já sabia –, a ignorância do esquecimento!)

Daqui em diante posso ir ao começo novamente. Gostei do trecho em que você diz que "para ver cinema, temos que esquecer o 'parecido' daquilo que vemos com algum suposto 'real'; o que o cinema ostenta surge de uma negação a mostrar, de uma recusa do aparentemente atingível". Posso traduzir na minha língua? Para entender do que se trata no cinema que se mostra, por exemplo, por meio de filmes, temos que saber que o que vemos e ouvimos não é cópia, ou coisa mimetizada de algo que se possa chamar de realidade. Que o cinema cria a si mesmo e o que cria é isso que você chama de "negação a mostrar", que é uma sorte específica de realidade se assim quisermos chamar o que por meio dele se "apresenta" e não simplesmente se "representa". Serge Daney escreveu em um texto de *A rampa* que a relação do cinema não é com o real, mas com o visual. E o visual, por sua vez, quando filmado, implica uma "distorção sem perda".

Isso é, a meu ver, o que o cinema tem em comum com a fotografia. É a imagem produzida pela câmera em parceria com um olhar humano, quer dizer, é outra coisa diferente do que é o olhar humano, e o olhar humano, nesse ponto, mostra que ele também não era o olhar estático que talvez fosse. Alguma coisa acontece entre eles, na distância que os relaciona. Essa coisa que surge entre o olho humano e o olho técnico, entre os dois universos do visível, seria aquele morto que aparece em *Blow-up*, de Antonioni, na hora em que o personagem protagonista, que é um fotógrafo, revela – no padrão técnico hoje desaparecido, e tornado um fóssil, depois das máquinas digitais – algo escondido atrás do arbusto...

Deve ser isso o que Benjamin chamou de "inconsciente ótico" (e eu o imitei inventando um "inconsciente conceitual" para a filosofia que ainda vale a pena inventar). Quando vejo filmes, fico muito atenta a esse aspecto da coisa cinematográfica. A esse escondido, ao escamoteado que aparece porque está sendo escamoteado. E quando olho para as coisas da vida vejo que faço o mesmo: procuro esse morto. Quando faço filosofia, procuro esse morto. E o procuro porque me parece que a vida (?) é feita da mesma matéria sensível que o cinema. Do mesmo modo que a filosofia é feita dessa matéria sensível, uma vez que ela encobre/mostra. Daí me vem uma ideia: de todas as formas cinematográficas, a filosofia é a que mais tapeia. Assim como de todas as formas filosóficas, o cinema é a que mais mostra. Terá sentido isso que eu digo?

Pode rir da minha ideia se lhe parecer agradável: para mim a vida é cinema sem roteiro ou com um roteiro ininteligível. E o filme é uma forma de vida, a vida das imagens, a vida sensível com a qual a nossa vida corporal está misturada. Corpo e imagem participam da mesma ordem da medialidade – como dizia Emanuele Coccia –, que é a vida sensível. Essa parte das coisas com que primeiro nos relacionamos antes de começarmos a pensar em geral e muito antes de começarmos a refletir em particular.

Isso de dizer "vida e cinema" e "cinema e vida" não é só um trocadilho, pois que o cinema implica uma vida própria para além do que podemos com os gregos chamar de *zoé* (a vida animal meramente viva) e de *biós* (a vida qualificada pela linguagem humana que nos torna animais políticos). O que me interessa nesse filme chamado vida é o que está escondido e só se mostra quando permanece escondido, mesmo quando está à mostra (claro! Banda de Moebius), ou todo explícito como em um filme pornográfico que anseia por desnudar o sensível quando re-veste os seus atores da desgraça de terem nascido com um corpo que pode ser reduzido ao puro sexo. A nudez nunca pode ser mostrada; no entanto, os órgãos sexuais prometem que ela foi atingida. É o engano da pornografia... Sabemos que quem mostra os órgãos sexuais com intenção de nudez apenas está vestido deles.

Andei revendo algumas vezes *O livro de cabeceira*, do Greenaway. Foi bonito, porque eu já não me lembrava bem dele, embora, durante anos, até a publicação de *Filosofia cinza*, em 2004, e mesmo depois, o tenha visto muitas vezes. Esqueço o que vejo. Não sou, nesse sentido, um bom suporte para a escrita (ou a memória). Naquela época eu não saberia o que dizer sobre a nudez que vem a ser, vejo hoje, um dos temas essenciais do filme. E vi, é claro, no filme, uma metáfora da escrita da vida (como em *Na colônia penal*, de Kafka) e da escrita literária.

Aquilo que eu disse acima sobre cinema e vida vale analogamente para "literatura e vida". Mas, de repente, tive uma intuição nova. Será que o filme de Greenaway não é também uma metateoria do cinema? E que a relação entre escrita e corpo, ou escrita e pele, não poderia também dizer-se na formulação escrita-nudez? Pois que o corpo no qual se escreve está nu. E a nudez é, por sua vez, a vestimenta do amor. A livre nudez dos corpos em *O livro de cabeceira* não é só um elogio à beleza do corpo humano, mas uma espécie de aparição sagrada, como a de Adão e Eva no Paraíso antes da queda. A nudez é inocência. E o corpo exposto em sua pele na qual se escreve algo é, no filme, a própria tela. A tela é a coisa nua. A tela é que é a nudez.

Que nudez é essa do cinema? Essa que se mostra e sobre a qual não se teoriza? Essa coisa que não admite a roupa da interpretação? Essa na qual grafamos o nosso desejo, o nosso segredo, a nossa vingança? O cinema não é um jeito de viver o amor, como se um dia estivéssemos livres, finalmente, no puro aconchego de uma impressão – uma escrita – que nos cativa.

Pode dizer que estou viajando.

No filme de Greenaway, a nudez é o suporte do amor e do ódio como escritas dos afetos. O filme trata do corpo apenas como sendo revestido de pele, revestido do suporte, da superfície da escrita. O corpo é o suporte: serve à escrita, serve à imagem das línguas ideogramáticas feitas de imagens codificadas. O corpo é a tela. E a tela é a coisa nua.

Pois o cinema é o fora do corpo que tangencia o corpo. E aí fico pensando: onde se inscreve o cinema-grafia? Será no corpo do visual que é a alma?

Não está o cinema nos dizendo de novo tudo o que Platão tentou dizer do seu jeito antigo?

Bom, aí começaria a repetir o que de certo modo você já disse. Vou esperar você retomar suas intenções da última carta ou mudar de trajeto. Nesse ponto, só curiosa com os filmes que você deve estar vendo.

Beijo da sua amiga,
Marcia

Brasília, 21 de maio de 2012.

Marcia,

Adorei isso de "desencontro marcado".

Marcia, estamos falando muito de cinema e quase nada de filmes. Nessa minha concepção "abstrata" do cinema – a concepção "predicativa" explicada em meu segundo livro, *De Hitchcock a Greenaway* –, os filmes são apenas os específicos procedimentos imagéticos que o século XX descobriu para exprimir o cinema, essa "forma da linguagem em que imagens e palavras têm o mesmo estatuto", para usar as tuas palavras; esse "conceito-imagem", nas minhas. *Os filmes contra o cinema*: é disso que quero falar nesta carta, aquilo que quero falar há mais ou menos três cartas (e você tem razão: temos coisas mais importantes que fazer do que falar de Benjamin e Adorno. Canibalismo tupinambá devorador de alemães!).

Que significa uma concepção *abstrata* do cinema? Significa: um mecanismo predicativo capaz de incluir-excluir todo tipo de entes por meio de conceitos-imagem; o velho *logos* dos gregos, na tua expressão, mas "patético"; o logopático que só se deixa expressar nessa dobradiça do incluir-excluir, e que a literatura, a pintura e a filosofia (não a das academias) já exploraram. Numa palavra: o pensamento (o cinema inclui-exclui, o cinema predica, o cinema pensa, a academia não pensa, expõe a predicação, mas não predica). Isso permite pôr o cinema em absolutamente todas as épocas da história da filosofia, numa imensa amostra de imagens pré-fotográficas, e começar a ver os filmes apenas como manifestação particular – talvez nem a melhor – do incluir-excluir dos conceitos-imagem, conceitos patéticos que mostram ocultando; algo muito antigo, sem dúvida, apenas sobrevoado pela mera tecnologia.

Cinema é, pois, algo de arcaico, muito anterior à Grécia; filmes são novidade, não pelo que fazem, mas pela estranha maneira de fazê-lo e pela não menos estranha maneira de *não* fazê-lo. Estou ansioso por ensinar isso com filmes, filmes-pele, filmes--osso, filmes que realmente tenhamos *visto*. (Não com a detestável atenção distraída do consumidor, ou do crítico de cinema, consumidor peculiar.)

Pois uma concepção abstrata do cinema se opõe a uma concepção fotográfica, marcada pela tecnologia; por isso não gosto quando se fala da fotografia como precursora ou pioneira do cinema; a fotografia está aparentada com o cinema só mecanicamente; a antecessora poética do cinema, sua pioneira pensante, é muito mais a literatura que a fotografia; *não há nada de intrinsecamente fotográfico no cinema, o cinema é tão abstrato quanto a literatura, e tão opaco*, e tampouco a fotografia é concreta; nada humano é concreto, ou transparente, todo humano é predicativo, mostra ocultando, inclui excluindo, entende ignorando, *pensa dispensando*; pensar consiste nesse processo de dispensar, e não em qualquer "mostrar fiel" da fotografia agora em movimento. Péssima essa ideia de o cinema ter algo de concreto, de "direto", de reprodutor; algo de fiel, de "mais fiel que a literatura". Trata-se apenas de entender a específica infidelidade do cinema.

Infidelidade a quê? Bom, podemos dizer ao Real; necessária infidelidade ao Real, para diferenciá-lo de um real minúsculo que continua sendo o nosso real; o cinema não mostra nada a não ser ocultando, tudo o que pensa e exprime o faz por contraste; mesmo que quisesse, não conseguiria ser descritivo; apenas é opaco por meio de sua própria aparente "reprodução do real"; péssima, pois, a ideia de o cinema ter algum tipo de "acesso direto ao Real"; guerra contra a concepção fotográfica do cinema! Fotografia e cinema apenas partilham com a literatura essa desvairada maneira de *não* referir-se ao mundo; a fotografia não deveria considerar-se como uma ponte entre a literatura e o cinema em direção ao Real, como se o cinema tivesse chegado mais longe que a fotografia nesse percurso. Nunca houve esse percurso; o cinema jamais teve que correr essa corrida. Temos que nos desfazer dessa concepção!

Ora, Marcia, é claro que não estou dizendo nada que você já não saiba em seus próprios termos (por isso, a ideia mesma deste epistolário é como a constatação de uma coincidência perfeita em sua própria inviabilidade – já que não há duas pessoas nem dois dispensares idênticos –, como se cada nova carta fosse a reescrita da carta do outro em chave própria). Tudo isso está perfeitamente claro em seus dois livros sobre cinema (estamos empatados); e está também muito bem entendido em teu exemplo de Antonioni (e aqui aparece, por fim, *um filme*, um filme perdido no meio de tanto cinema!), em que o que é mostrado-ocultado é "aquele morto que aparece em *Blow-up*, de Antonioni, na hora em que o personagem protagonista, que é um fotógrafo revela [...] algo escondido atrás do arbusto".

Perfeito! Porém você acha que isso aproxima o cinema da fotografia, e eu queria tornar mais abstrato teu exemplo, mostrando que você está sendo demasiado generosa com a fotografia (e com uma concepção fotográfica do cinema); quero universalizar teu morto, ou melhor, o morto de Antonioni, pois nesse filme – um dos meus favoritos – o escamoteado é literal: o cadáver não aparece ao olho, mas aparece para a câmera, e na revelação artesanal da foto. Sou claro ao dizer que isso que acontece explicitamente nesse filme é o que constantemente não deixa de acontecer em qualquer filme?

Blow-up é um filme extremamente sutil, mas tome como exemplo um filme razoavelmente banal, razoavelmente norte-americano. *Adivinhe quem vem para jantar*, de Stanley Kramer, é uma "comédia crítica", em que a filha de um velho casal de liberais (Spencer Tracy e Katharine Hepburn) se apaixona loucamente por um atraente médico negro (Sidney Poitier). Nesse filme, como em qualquer outro, o escamoteado – o não mostrado – não é um morto (*Blow-up*), ou uma mãe fictícia (*Psicose*), ou um pai ausente (*Cria cuervos*), mas condição mesma do que se mostra. Por que um negro e não um japonês? Por que pais liberais e não católicos tradicionais? Entramos na questão toda (adivinhe quem vem para jantar?) por um aeroporto; por que não pela casa dos pais liberais? Por que não pelo consultório do médico negro? Por que não vinte anos depois, numa recordação? O jovem casal vai ao encontro dos pais; por que não o contrário? Há algo de misterioso em todo filme, em todo quadro, em toda montagem, em todo ângulo, pois, para dizer algo, tem-se que esconder alguma outra coisa (ou, de certa forma, a mesma coisa de outra forma); e o que escondemos grita, pensa nas frestas do manifesto; a tela é sempre um imenso *não*, uma ostentosa recusa. (Vou continuar isso outro dia; é muito cansativo; isso é só o começo de uma longa guerra contra os filmes à procura do cinema.)

Você diz que está curiosa por saber quais são os filmes que eu ando vendo, e eu só quase assisto a "velharias". Pois esse mecanismo predicativo aniquilador não é nenhuma novidade, e é por isso que aprecio filmes como *L'Atalante*,* de Jean Vigo, ou os filmes de Buster Keaton, ou mesmo *Melancholia*,* de Lars von Trier (esse, sim, um filme genuinamente antigo). Quero dizer que não se trata de um rico dialeto que foi sendo descoberto ao longo dos anos com "os progressos" do cinema do século XX, não. O mecanismo predicativo não progrediu, nem mesmo evoluiu (e é por isso que não pode, a rigor, haver uma "história do cinema"); trata-se de ver o mesmo em diferentes cenários, em

---

* Em português, respectivamente: *O Atalante* e *Melancolia*.

que os filmes mais antigos ganham uma espécie de remake em nossa imaginação conceitual-imagética (uma renovada noite de estreia). Por isso é tão penoso ver como as pessoas mais jovens (mas não só elas) não gostam de assistir a "filmes velhos"; expressão absurda esta, ou, pelo menos, elíptica; como pode envelhecer um monótono mecanismo predicativo que não cessa de incluir-excluir há mais de cem anos? Como a imagem embasada ou nítida, lenta ou rápida, poderia mudar *isso*?

Não gosto nada disso da vida como filme, "um filme chamado vida". É claro que também a vida é um mostrar ocultando, mas tão mal iluminada, com roteiro tão fraco, tão arbitrariamente montada! A vida é um filme muito mal dirigido, ou melhor, sem nenhuma direção. E um filme que invariavelmente acaba com a morte do herói.

Beijos,
Julio Cabrera

Brasília, 25 de maio de 2012.

Estou no avião, saindo de Brasília, indo para Belo Horizonte ainda sob o efeito de nosso encontro ontem no café daquele hotel chique onde eu não estava hospedada. Gostei demais de ter visto o Léo Pimentel, que nos faz todos nos sentirmos muito pequenos. Você é muito divertido. Agora posso começar a dizer aos meus alunos que encontrei um filósofo de verdade, com a ironia de que ele também dá aulas de filosofia...

Julio Cabrera, essa foi a sua carta que mais me alegrou. A inflexão que você propôs desmontou tudo. E foi ótimo. Agora temos quilômetros de filme para montar. A partir daqui vejo que falarei pouco perto do que você tem a dizer, pois sua cultura fílmica é imensa perto da minha cinematecazinha. Vamos, pois, aos "filmes contra o cinema". E vou seguir falando de um filme que não vi (isso é válido?).

Não assisti ao larsvontrieriano *Melancholia* até agora; aliás, saí do cinema no meio do filme – e vejo na reprovação geral das gentes ao meu gesto que há certo potencial herege nessa negação. Será que o cinema é a nova religião? O capitalismo é certo, mas o cinema teria esse mesmo potencial? Teria o cinema ajudado a inventar o capitalismo?

Todos dizem que *Melancholia* é maravilhoso – nessas horas se deve dizer: quem sou eu pra discordar? –, mas de fato não é essa a questão do filme, a de ele ser ou não maravilhoso. Queria muito que você me contasse o que viu nele e o que não viu, quem sabe assim me animo a ver até o fim. O que eu vi pode ser pura projeção: diálogos banais, imagens óbvias, pretensões de sofisticação estilística, citações, displays arranjados de um jeito que me deu certo incômodo. Não gostei nada daquele pequeno mundo europeu melancólico no frio à mostra nas cenas do livro com imagens de Bruegel na biblioteca. Ora, dirá você, mas que bobagem "gostar" ou "não gostar". Sei, sei, não vamos entrar nessa conversa antiga que ainda é usada como salvaguarda crítica.

O fato é que, se eu tivesse ficado muito incomodada, talvez ficasse até o fim. Mas não, era menos que isso e mais que um simples gosto ou desgosto. Na verdade, pensando melhor, ideia interessante era aquela gente toda feito display. Afinal hoje não passamos de espectros forjados em algum jogo tecnológico. Talvez por essa ideia eu deva voltar a vê-lo. Nesse mundo do espetáculo, de repente, uma pessoa não se torna mais do que um display. Você dirá que meus olhos é que estavam fechados e que o filme era a própria melancolia apresentada, não apenas uma representação. Se não captei se havia um trabalho de linguagem valioso, se o tema, a ideia central, o roteiro, a fotografia eram incríveis, imagina se eu conseguiria ver a "melancolia" que você possa ter visto? Talvez cada um veja apenas o que queira ver. Por outro lado, talvez eu tenha visto a melancolia muito cedo, e ela não era mais do que um filme passando à minha frente. Enfim, *Melancholia* era um filme chato ou talvez ele tenha mostrado que um sentimento como o da "melancolia" é que é uma chateação. Não gosto de usar essa palavra, me parece um referencial tão fraco, ao mesmo tempo autoritário, que não chega a valer no campo do estético. Chata deve ser a tautologia pura, no entanto, por outro lado, talvez seja o modo de ser da verdade das coisas. E isso pode acabar mostrando que não é bem assim com as coisas ditas "chatas" (também escrevi um romance que foi chamado criticamente de "chato" – *O manto é o meu Ulysses* – e fico triste, porque poucos entenderam o que eu queria se não chegaram ao fim... E agora estou eu aqui fazendo exatamente o que condeno...).

Talvez seja esse "mundo ao contrário do mundo" o que aparece em *Melancholia*. Ou o escamoteado como a "condição mesma do que se mostra". Fico tentada a afirmar que o que você diz é que vemos filmes para não vermos o que eles não nos mostram já que mostram o que não mostram. Pois assistimos a eles querendo ver tudo. Não é esse o desejo básico de um *voyeur*? E alguém que vive a ver cinema não é justamente um *voyeur*? Ou seja, alguém talhado pelo desejo e pela oportunidade de ver?

Quando leio o que você diz: "há algo de misterioso em todo filme, em todo quadro, em toda montagem, em todo ângulo, pois, para dizer algo, tem-se que esconder alguma outra coisa", lembro que em cada quadro iluminado há um segundo no escuro (lembro-me de Arlindo Machado e de um depoimento do Bergman falando desse apagamento da visão no filme).

(corte, 24 de junho)

Interrompi a carta porque viajei demais. Foram dias transitando por aí entre encontros filosóficos e literários. Estou completamente extraviada.

Voltei para casa. Reli a sua carta. Podíamos fazer um filme com base nessa história: as pessoas leem as cartas, e nunca se encontram. Escrevem um livro interminável. Como você vê, sou péssima com argumento e seria ainda pior com roteiros...

Não é à toa que escrevo literatura e nunca pensei em fazer filmes. Pode parecer que a questão técnica dá mais chance à literatura, afinal, para fazer um livro, é necessário eu e um mecanismo muito básico como lápis e papel. O filme é mais complicado. Mas esse tipo de comparação é tão pobre que dá vergonha de fazê-lo. Faço, no entanto, porque me parece que a simplicidade da criação tem um poder imenso diante da técnica. A técnica é pouco. Por isso tenho um apreço imenso pelos filmes precários, feitos com um mínimo. Lembro aqui um filme chamado *Film*, dirigido por Alan Schneider e Jean Genet (1965), a propósito, a partir de um roteiro de Samuel Beckett. O filme não tem som. A história, que dura vinte minutos, é sobre um velho que anda pela rua até chegar em casa e deparar-se com as paredes. Uma linda metáfora da solidão; dizem que Beckett escreveu o roteiro baseando-se naquela ideia de Berkeley de que ser é ser percebido. Não sei se a ligação é tão direta, acho que não. Talvez esse filme tenha muito a ver com a literatura de Beckett, mas ele não é a literatura de Beckett. Ele é simplesmente *Film*. O que será que nos quer dizer um filme chamado filme?

Mas queria também falar sobre a relação entre cinema e literatura, porque me identifico demais com a literatura – e gosto mais de cinema agora que escrevemos este livro. É vigoroso o seu argumento acerca da relação de maior proximidade entre cinema e literatura do que entre cinema e fotografia. A ideia de Jacques Aumont de que o cinema continua um desejo da pintura me parece também muito adequada. Quero dizer com isso que o cinema tornou-se uma espécie de protótipo da obra de arte. O que há de escritores que escrevem livros já pensando nos filmes. Não é o meu caso, que escrevo sempre fugindo da imagem. Quase que fugindo das narrativas que, a meu ver, são o grande foco, se não do cinema, pelo menos dos filmes. Quer dizer, escrevo para resgatar uma imagem do seu inferno, que é o esquecimento. Mas não para apresentá-la ao mundo das imagens. Nesse momento, quero dizer que a literatura é feita de certo modo de imagens muito diferentes das do cinema. Talvez possamos dizer "figuras" para a literatura e imagens para o cinema. Pois, enquanto o cinema usa a imagem visível, a literatura conta uma história ali onde ela não pode ser história de cinema. Literatura é silêncio, é justamente mais próxima daquele escuro de que falei antes, do indizível, do que do mostrável do cinema. Aqui, tenho a impressão de que você irá me corrigir dizendo que o cinema está também aí. Claro que sim. E eu não estou tentando apenas separar as coisas – talvez nem conseguindo. Estou querendo salvar a literatura dos filmes, talvez a aproximando desse cinema abstrato de que você fala.

Seria possível escrever livros baseados em filmes, assim como são feitos filmes baseados em livros. Assisti a *Il gattopardo*,* de Visconti, e li Lampedusa procurando o ponto de encontro entre o filme e o livro homônimos. Só achei a diferença. Pois, por mais que haja uma fidelidade radical entre o livro e o filme, não vejo que haja isso entre o que é literatura e o que é cinema. Usei o personagem do filme no livro que acabo de lançar (esse que escrevi por treze anos). Mas não tirei o meu personagem do livro, pois são dois sujeitos que, embora sendo o mesmo, não o são. Ele veio do filme. Este, aliás, é o filme da minha vida. Mas não direi que o livro homônimo o seja.

Digo isso para você de um jeito solto apenas para provocar suas manias lógicas, para que possa pensar fora dos esquemas. Você pensa, é claro, mas me vejo precisando sair de certa forma lógica demais entre pergunta e resposta, entre uma carta e outra. Além de tudo, naquele dia em que nos vimos, me pareceu maravilhoso que você não entenda tudo o que digo. Eu, de minha parte, não gosto muito de entender. Quer dizer, gosto, mas não

---

* Em português: *O leopardo*.

tanto quanto gosto de desentender e, assim, habitar esse vão onde as coisas podem ser outras coisas.

Assim, deixo você com o trabalho do argumento se quiser me responder continuando e negando essas reflexões. Ou, se preferir voltar à sua fala, fique à vontade, o tempo é seu.

Um beijo,
Marcia

Brasília, 8 de julho 2012.

Marcia,

Estou preparando um minicurso sobre cinema e filosofia para ministrar em Ilhéus em outubro que trata precisamente dessa desvinculação entre filmes e cinema da qual te falava na carta anterior; vou tentar esclarecer isso aqui, porque creio que pode ser fundamental para pensar a coisa mesma cinema e, inclusive, para explicar por que as pessoas saem do cinema antes de o filme acabar – e, às vezes, antes de começar.

Na verdade, estou trabalhando com uma triangulação que acabei de inventar: cinema/história do cinema/filmes. Estou tentando pensar, por um lado, em como o cinema abstrato pode dispensar filmes concretos que são efetivamente feitos, mas, por outro, em como filmes concretos podem dispensar a história do cinema como construída em livros e enciclopédias. Assim, os filmes concretos podem ser vencidos pelo cinema abstrato, mas os filmes podem derrotar as histórias do cinema. Creio que não terei demasiados problemas em explicar isso por tratar-se de algo que está vergonhosamente claro na minha cabeça, de maneira que, Marcia querida, contra teu gosto por *não* entender, creio que nesta carta vou conseguir explicar alguma coisa no meio de tanto tatear e balbucio.

Comecemos com *o cinema sem filmes*. Como você já se cansou de me ouvir dizer, creio que o cinema seja um mecanismo predicativo abstrato que oferece todo tipo de potencialidades que os filmes concretos que aparecem de fato na história do cinema realizam apenas muito parcialmente. Na verdade, a vinculação da imagem com o movimento é muito antiga, já presente nos primeiros desenhos humanos nas cavernas, na Antiguidade clássica e nas técnicas visuais do século XIX. O cinema abstrato é muito antigo, mais do que a filosofia ocidental. No caso do século XX, todo o "período mudo" e as primeiras experiências sonoras ao longo dos 1930 apresentam já plenamente aquele mecanismo predicativo com todas as suas possibilidades (é impressionante assistir a filmes como os curtas de Louis Feuillade ou de Méliès, ou a filmes como *A general*, de Buster Keaton, ou *O nascimento de uma nação*, de Griffith, ou aos primeiros de Eisenstein, ou a filmes como o primeiro *King Kong*, de 1933, porque eles dão a forte impressão de que o cinema já nasceu completo desde o início, que não teve "desenvolvimento"). Ora, se a gente aprende a ver essas potencialidades, poderá assistir a uma boa porção de filmes concretos – fundamentalmente do período entre os anos 1930 e fins dos 1950 e uma boa porção de filmes atuais – como perdas de tempo, como desperdícios, como simples filmes sem cinema.

(Uma das partes mais engraçadas do *Histoire[s] du cinéma*, de Godard, é quando ele está falando com Serge Daney, e este diz a Godard que eles, os diretores da nouvelle vague, tinham na década de 1960 muito menos filmes para ver do que nós temos atualmente, já que a produção aumentou enormemente, e Godard interrompe dizendo, meio no deboche, que, ao contrário, atualmente temos menos filmes para ver, precisamente porque – em meus termos – à imensa multiplicidade de filmes não corresponde uma diversidade de cinemas.)

Bom, agora, *filmes sem cinema*. As universidades, os eruditos e as locadoras de filmes introduzem uma série de articulações arbitrárias, verdadeiras zoologias fantásticas, tais como: "primeiro cinema", "cinema mudo", "vanguardas dos anos 20", "expressionismo alemão", "impressionismo francês", "montagismo soviético", "cinema surrealista", "cinema noir", "neorrealismo italiano", "nova onda francesa", "novo cinema alemão", "cinema digital" e, no Brasil, "cinema novo", "cinema da retomada", etc. Essas construções são o que chamo de "história do cinema" e que diferencio nitidamente do cinema abstrato (é quase a sua antítese); o que se pede nesse setor da triangulação é fazer um tremendo esforço – extra-acadêmico, é claro, no sentido do meu *Diário de um filósofo no Brasil* – para se tentar pensar os filmes sem essas articulações; de aprender a ver filmes fora das histórias do cinema. (Pensar, por exemplo, em Godard, Truffaut e Rohmer como fazedores de filmes concretos que não se deixam enlaçar por nada de profundo e significativo que se chame "nova onda francesa", um rótulo puramente externo e sociológico, talvez mercantil, que apenas serve para *não* entender o projeto de cada um desses autores.)

Agora aterro novamente na experiência de "negar-se à experiência", de sair antes do cinema. Em cartas anteriores, você já tinha me contado os casos de *Biutiful* e de *Melancholia*, e também de *Dogville*, por parte de outros que "se negavam à experiência", e creio ter mencionado a você o escandaloso caso de *A árvore da vida*, de Malick, que simplesmente esvaziou o cinema na tarde em que eu estava assistindo. O que me faz pensar, Marcia, que a coisa mais improvável que pode acontecer a um filme é *ser olhado* (e daí o interesse de experimentos como os de Andy Warhol fazendo filmes que, de tão insuportáveis, parecem ser filmes *para não serem vistos*, algo que o próprio Andy disse certa vez: seus filmes eram para você botar para rodar e de vez em quando dar uma olhadela enquanto faz alguma outra coisa, como fritar ovos ou falar ao telefone).

Já que estamos no terreno das experiências pessoais, te conto o que foi que me levou algumas vezes (seis ou sete vezes em toda a minha longa vida) a sair do cinema antes de o filme terminar, ou mesmo antes de começar; foi o insuportável barulho do público. Eu já me levantei da poltrona e fui me queixar à gerência do cinema e, de fato, vou muito pouco ao cinema e saio quando as falas, as entradas e as saídas, a pipoca e os telefones celulares tornam impossível assistir; jamais saí do cinema por causa do filme, sempre foi por causa dos (mal) chamados "espectadores", pois não sabem "espectar".

Em cartas passadas, estávamos falando do mecanismo abstrato do cinema que opera por exclusão, e você captou muito bem essa ideia e colocou exemplos ótimos (*Blow-up*, etc). Isso significa que, quando você assiste, por exemplo, a *Melancholia*, somente pode ver o que está vendo porque o diretor e seus cúmplices (iluminadores, fotógrafos, e mesmo os atores) não deixam você ver outras coisas que estão sendo propositalmente escondidas; é a força do escamoteado o que constitui internamente a expressividade do filme que está ali; quando você "não gosta" daquilo ou mesmo "não suporta" o que está vendo, está querendo ver algo do que foi escamoteado e que constitui o filme que você *não* quer ver; quando você sai antes do cinema, se recusa a aceitar a seleção proposta do que será mostrado e do que não será e de *como* será mostrado e de *como* não o será, é você fazendo uma exploração muito rápida das potencialidades do cinema abstrato e decidindo que não é com aquela seleção que você estará disposta a interagir nesse dia.

Não, não creio que o cinema seja uma nova religião, que os motivos para não sair da igreja antes de a missa acabar sejam os mesmos que os do espectador que sai do cinema, mas trata-se em todos os casos de fenômenos interativos: Von Trier não pode fazer tudo sozinho – nem quando fez *Dogville*, nem quando fez *Melancholia*; ele fez a sua seleção predicativa, e nós simplesmente não nos prontificamos a colaborar com a sua instauração; um filme nunca é "chato" sozinho; sua chatice tem que ser constituída de ambos os lados.

Sim, realmente penso que gostar ou não gostar de um filme, de uma aula ou de uma pessoa é algo irrelevante; a questão crucial é – no caso dos filmes, deixemos aula e sexo para outra vez – como vamos operar essa tensão entre filmes e cinema abstrato; num enorme número de casos, diante de filmes muito primários, temos direito de colocar-nos do lado do cinema abstrato e rejeitar o filme (saindo antes do cinema); no caso de um experimento como os de Von Trier, Visconti (*Il gattopardo*) ou Godard (*Film socialisme*), é a expressividade específica *desse filme* o que teria que ser contraposto às potencialidades do cinema abstrato: sim, as possibilidades do cinema são infinitas, e a potencialidade que você queria realizar hoje não era essa, mas, de toda forma, a exclusão-inclusão desse filme é precisamente *essa*, e pode valer a pena se esforçar para interagir com ela.

O que eu vi em *Melancholia*? Em meus termos, um filme que explora potencialidades expressivas, algumas extremas (por isso ele cansa e deixa tenso); não é um filme que eu dispensaria em benefício do cinema abstrato; vejo-o como um filme singular que vale a pena explorar. Se eu gostei? Não, não gostei do filme, pessoalmente. Aliás, não gosto de Von Trier em geral. Mas creio que isso é uma informação mais valiosa sobre Von Cabrera do que sobre Von Trier.

Beijos,
Julio Cabrera

Rio de Janeiro, 18 de agosto de 2012.

Von Cabrera, aprecio muito seu elucidativo senso de humor. Tanto quanto sua teoria que, tornando-se mais compreensível para mim, também vem, curiosamente, me agradar. Sou uma pessoa disponível às mudanças afetivas, como se pode ver.

Devo ter entendido tudo o que foi dito em sua carta a ponto de não ter o que objetar ou acrescentar. Talvez isso signifique que não entendi nada, mas você saberá brincar com isso.

Quero começar dizendo que me parece perfeita essa tripartição cinema/história do cinema/filmes. Isso resolve tantas confusões e, mais do que organizar a discussão, amplia seu cenário.

Sairei do cinema e da história do cinema e ficarei com o filme. Tentarei falar de um filme para levantar alguns aspectos relativos à séria questão do olhar, que é parte essencial da prática estética do cinema. Tenho tentado desenvolver em mim uma atitude de mais respeito pelos filmes, pois, diferentemente de você, sou um tanto enjoada. Vou levar a sério que seja problema meu, narcísico – quem sabe? –, mais do que dos filmes. Realmente, concordo com você também nesse aspecto. Penso que, se as pessoas se dessem conta disso, teriam uma vida muito mais feliz vendo filmes. E que isso as libertaria para ver todo tipo de filmes, independentemente de suas filiações teóricas e históricas. Do cinema, ou dos cinemas, é verdade que as pessoas em geral não chegam muito perto.

Se bem entendo o que você quer dizer, talvez, ao entrarmos no espaço chamado cinema, na verdade não tenhamos chegado ao cinema no sentido da capacidade de relação com essa instância predicativa. Isso, em palavras menos especiais, significaria dizer que não temos acesso ao cinema como linguagem. É isso, não? Como se ouvíssemos alguém falando uma língua da qual conhecemos apenas algumas palavras. Entendendo ou não o que você quer dizer, estou cada vez mais cabreriana, como se pode notar.

Mas vou ao filme concreto sobre o qual quero colocar em cena algumas palavras na intenção de ver se entendi sua teoria. Andei assistindo a um maravilhoso filme horrível que, a meu ver, deixava muito evidente o seu caráter de cinema. Quem o entende como cinema, e não como filme, pode até gostar muito dele. Embora, e nesse caso eu também concordo com você, gostar seja uma questão pouco interessante. Refiro-me ao filme *Os anões também começaram pequenos*, de Werner Herzog. Esse filme trata de uma rebelião de anões em uma colônia para anões. Quase não há falas que ajudariam a traduzir a narrativa. Como temos o hábito de procurar a lógica das coisas, buscamos também algum propósito, alguma direção ou objetivo na história. E ela não surge. Há uma cena notável que se repete várias vezes oferecendo-nos a experiência de um profundo nonsense: um dos anões fica preso como refém do administrador da colônia e só o que ele faz é rir, rir e rir de novo, amarrado que está a uma cadeira. Lá fora, os outros se esmeram em bagunçar e estragar tudo o que podem. A característica básica do grupo é a brincadeira estúpida. Desde matar uma porca nutriz, até quebrar um caminhão que fica andando sozinho em círculos, os anões não são outra coisa que figurinhas destrutivas e que agem no despropósito. Há uma cena em que um ator, um anãozinho, ri até o engasgamento. Pensei em Herzog obrigando o ator a fazer aquela cena angustiante. Nós, que víamos o filme, não sabíamos o que fazer com aquilo tudo.

Claro que podemos analisar a obra como uma grande alegoria da espécie humana. Afinal, quem começou pequeno como os anões? Os não anões. Mas isso não ajudaria muito.

Particularmente, gosto há muito tempo de assistir aos filmes desse cineasta rico da virtude inconclusiva que faz uma obra aberta. Concordo que isso diga mais de mim do que dos filmes de Herzog. No entanto, verdade é que a afinidade ética, estética ou política com um cineasta ou uma "linha" cinematográfica revela alguma coisa a mais, revela que entre sujeito pensante e coisa pensada existe uma relação. O gosto vulgarmente pensado é uma bobagem, mas como campo socioafetivo que constrói um julgamento é uma coisa cada vez mais séria. É o gosto que instaura a política do afeto, a dominação estética, sobre a qual um dia posso falar melhor.

O cinema talvez esteja nessa terra de ninguém do entre nós que as obras, os discursos, as ideologias tentam conquistar impondo sua marca estética. Assim, bem analisado um filme, revela-se tanto do analista quanto do filme mesmo. Digo isso sem querer pôr em jogo nenhum "filme em si". Qualquer conhecimento, seja do filme, seja de qualquer outro objeto, depende necessariamente do campo teórico onde está inscrito. Quando você fala em estrutura predicativa, certamente está ampliando nosso campo teórico e por isso sua teoria parece tão boa, justamente porque explica o que parecia inexplicável, a intangibilidade do que gostaríamos de conhecer.

Quero dizer com isso que qualquer acesso a qualquer filme depende da relação que se experimenta em sua direção e sobre a qual, às vezes, se pode teorizar.

Por que comentar sobre o tão bizarro quanto maravilhoso filme *Os anões também começaram pequenos*? Porque quero ver se entendi o que você disse pensando na questão do olhar. Como disse, assisti a ele há alguns dias com um grupo de pessoas muito interessadas em cinema, com uma considerável cultura e estudos na área, e isso tem lá a sua importância. Levemos em conta que, na minha teoria, isso a que chamamos de "olhar" é sempre uma experiência social e coletiva. Em termos muito simples, ver um filme sozinho é bem diferente de vê-lo acompanhado. Claro, nesse caso, quando temos a oportunidade de debatê-lo e, desse modo, tomar consciência do visto, ou melhorar o visto por meio da expressão que o expõe. Acontece que, nesse dia, não houve debate algum. As pessoas calaram boquiabertas, um grande desentendimento silenciou a todos, não porque tivessem se emocionado ou estivessem estarrecidos, mas porque parecia que estava faltando alguma coisa em relação à experiência vivida. Só o que se sabia era que de nada mais se sabia. Não se podia fazer nada diante do filme. O filme fora visto e, no entanto, parecia não ter sido. O desejo de "ver de novo" que até agora me chama é a tradução da tentativa de ver alguma coisa, já que, naquele momento, não se tinha visto coisa alguma. Em vez de uma ideia do filme, tínhamos um borrão, uma perplexidade.

Penso que, levando-se em conta sua tripartição, didática e conceitual, esse filme de Herzog contém uma espécie de excesso de cinema e digamos que "menos" de filme. Estou brincando, mas falando sério. Digamos que cinema e filme dependam também de gradações. Do ponto de vista do cinema, a obra era maravilhosa, mas do ponto de vista do filme não se pode dizer o mesmo. As pessoas, de modo geral, têm um acesso mais imediato a algo a que chamamos de filme. Por que o filme é estético, ou seja, implica uma apreensão imediata, enquanto o cinema não?

Mas o que é o filme? A obra, embora não seja simplesmente uma ideia, mas algo que, narrativa e expressivamente, também comunica algo. Assim, analogamente podemos dizer que a literatura é uma coisa, enquanto o livro é outra. A literatura estaria para o cinema como o filme para o livro. Não é isso? Estou sendo coerente com sua teoria ao expor a questão dessa maneira? O filme é o constructo concreto que pode obedecer a uma fórmula pré-estipulada, ou ser fruto de uma criação espontânea.

De qualquer modo, penso que, da concretude do filme, o público sempre espera "tirar" alguma coisa, apreender algo. Esperamos que o filme, como obra, nos diga, revele uma ideia. O cinema já é problema filosófico para cabeças metateóricas e que já romperam com o mito, como a sua, que já não adere sequer ao gosto e ao desgosto em relação a filmes, porque está preocupada com a questão conceitual do cinema. Daí que o filme seja como o mito que pode ser interpretado e, por isso, as pessoas se ressintam tanto quando o filme concreto não lhes agrada. Levanto, nesse ponto, uma questão que me ocorre: seria possível uma filosofia do filme? Filosofia do cinema é praticamente um pleonasmo, mas e uma filosofia do filme seria diferente, não?

E o que seria uma filosofia do filme?

Será por isso que falamos tanto em cinema neste nosso diálogo e tão pouco em filmes? Por que, na verdade, a filosofia do filme é apenas interpretação de fenômenos que literária e pedagogicamente poderíamos explicar e/ou compreender?

Nesse ponto, creio que retorno, de certo modo, ao velho problema que enunciei bem no começo destes diálogos e que penso poder enunciar de um novo modo agora. Refiro-me àquela conversa em que eu tentava dizer que filosofia era metateoria e que o cinema dependia da filosofia para ser compreendido e você insistia em que isso não importava tanto para nossa discussão, visto que o cinema era filosofia.

Cinema é filosofia, segundo sua reflexão. Se eu dispusesse dessa compreensão de "filme", teria sido mais fácil para mim entendê-lo. Agora, entendendo-o, pergunto enfaticamente: seria possível uma filosofia do filme? Enquanto você me responde, vou ver *Vocês, os vivos*, de Roy Andersson.

30 de setembro de 2012

Marcia,

Penso, com alguma aflição, que talvez eu seja teu interlocutor mais racionalista, o menos evanescente e poético, o menos espontâneo; estaremos deixando escapar o cinema por entre os dedos?

Você me assusta com a sugestão, em e-mail particular, de uma prevista finalização deste epistolário que, para mim, só acaba de começar; se você levou sete anos para "finalizar" um daqueles outros diálogos, não poderias me presentear graciosamente pelo menos com seis e meio? Premido por essa minha nova urgência de *não* acabar, estive relendo nesses dias todas as nossas cartas e fazendo anotações. Sim, realmente, para mim um livro não tem nada de espontâneo; ele tem que ser montado como um filme (e lembre que, já de início, falávamos deste livro nosso como de um filme feito a quatro mãos).

Os assuntos que vão e voltam em nossas cartas – nessa minha preocupada releitura – são fundamentalmente os seguintes: a) o anseio de um filosofar novo (que você tem cultivado nessa curiosa coleção de livros transversais); b) a teoria tiburiana do cinema, cinema cinza; c) a teoria cabreriana do cinema, cinema abstrato, predicativo, logopático; d) as relações entre imagens e pensamentos: pode o cinema pensar?; e) a questão crítico-política: nem todo conceito é genuíno pensamento; a filosofia como indústria cultural; f) o cinema abstrato e os filmes concretos; os filmes contra o cinema.

Continuo pensando que o cinema é muito mais que tudo isso (cinema é indústria, divertimento, tecnologia, terapia, reflexão, como escrevi numa carta prévia), mas dois filósofos obsessivos focaram exclusivamente na questão do cinema pensante; não haveria ainda, antes de acabar (dentro, pelo menos, dos próximos cinco anos), que se ocupar dessas outras dimensões do cinema, mesmo que seja ainda desde a filosofia? Marcia, eu preciso tentar fazer isso pelo menos em uma ou duas cartas futuras, mas não estou com vontade de fazer isso agora; preciso decididamente entrar na questão "f", a que me interessa mais neste momento. (Estou seguro de que explorarei as outras dimensões do cinema muito melhor depois de ter me afogado em *filmes concretos*.)

Filmes, filmes, filmes; essa será a partir de agora a minha exclusiva preocupação; queixávamo-nos juntos, faz algumas cartas, de termos falado demasiado em cinema e muito pouco em filmes; entretanto, já mencionamos *Melancholia, A pele que habito, Videodrome, Fahrenheit 451, O artista, Era uma vez no Oeste, Trainspotting, Os limites do controle, Psicose, Film socialisme, Blow-up, Histoire(s) du cinéma, O livro de cabeceira, O leopardo, Dogville, Adivinhe quem vem para jantar, Film* (de Beckett), e também *Os anos começaram pequenos*. Mas foram apenas menções, quase diria, pontuações de reflexões teóricas. Por isso é tão estimulante para mim que você acabe a sua carta anterior perguntando pela possibilidade de uma *filosofia dos filmes*. Mãos à obra!

Preparo pacientemente meu minicurso de Ilhéus e volto para a ideia de filmes sem história do cinema; cada vez mais assumo uma espécie de nominalismo cinematográfico: só há filmes; o resto é invenção de eruditos e estudiosos de cinema obrigados a ganhar seu pão inventando articulações, tendências, escolas, estilos, épocas, fases, etc., tentando agrupar filmes em conjuntos compreensíveis, sendo que os filmes são incompreensíveis.

Penso, por exemplo, nos de Godard (como *Acossado* e *O demônio das onze horas*), de Truffaut (como *Os incompreendidos* e toda a saga de Antoine Doinel) e os de Eric Rohmer (como *Minha noite com ela* e *O joelho de Claire*). Bom, não pode haver filmes tão diferentes, tão incompatíveis, tão incomparáveis! É claro que também podemos construir semelhanças e aproximações entre eles, mas o fato é se precisamos fazer isso; precisamos entender o conceito de nouvelle vague (é mesmo um conceito?) para entender os projetos existenciais e estilísticos desses filmes? E pior ainda: não será esse "conceito" um elemento que prejudica essa compreensão?

O que nos impediria, querida Marcia, de ir "aos filmes mesmos", sem fazer a menor ideia se eles são da nouvelle vague ou da vanguarda muda? De que serve, para entender a experiência do Caligari, saber que se trata de um filme do expressionismo alemão? O que impediria ir ao cinema sem ter a menor ideia do que vamos ver, nem da época em que o filme foi feito? Recuperar a experiência selvagem de ver filmes, simplesmente filmes, sem a sua compulsiva inserção em redes socialmente instauradas.

Aqui entra a experiência que você relata sobre os anões de Herzog e que explica por que também as histórias do cinema começaram pequenas; filmes concretos tinham mais chance de serem vistos e ouvidos quando as histórias do cinema eram anãs e não as gigantescas referências em que hoje em dia se transformaram. Por outro lado, temos cinema sem filmes. Excelente a tua aplicação da minha dicotomia nesse caso: realmente, filmes estranhos, experimentais, atípicos, heterodoxos costumam ser mais interessantes como cinema que como filmes. Quanto mais de vanguarda ou experimental for um filme, mais ele se interessará por potencializar a linguagem do cinema, mesmo ao preço de produzir um filme insuportável (como esse). "Maravilhoso filme horrível" significa: "Cinema maravilhoso pode gerar filmes horríveis". (E vice-versa! Cinema péssimo gera filmes maravilhosos, como a maioria do "cinemão", que não representa nada no desenvolvimento do cinema, mas atrai, entre outras coisas, pela sua ausência de experimentalismos íngremes e pela exploração do já sabido.)

Você descreve muito bem o estado de paralisia analítica e hermenêutica em que os espectadores caem assistindo a um "filme" como esse; é o pasmo de estar se aproximando do cinema sem mediações, ou seja, de suas puras possibilidades sem ainda ver como essas possibilidades são elaboradas por um filme que possa ser apreciado *como filme*, e não apenas como campo de experimentação do cinema abstrato. De fato, todos os filmes com "excesso de cinema" produzem essa reação que você descreve, como se eu mostrasse a você diretamente os meus rascunhos e anotações desta carta, e não a carta. Como você diz: "Nós, que víamos o filme, não sabíamos o que fazer com aquilo tudo". É que você não sabe mesmo o que fazer com o cinema quando se defronta com ele sem a mediação de um filme. Também é plenamente compreensível que não tenha havido debate algum após a projeção.

Mas essa estupefação acontece com muitíssimos filmes modernos, mesmo os que não são excessivamente vanguardistas, mas apenas experimentais e anômalos, sem assunto definido, ou que se defrontam com banalidades, tais como o já mencionado *Os limites do controle*, de Jim Jarmusch (que ainda piora a situação por estar disfarçado de filme noir normal); ou de boa parte do cinema asiático, do tipo *Vida e nada mais* e *Através das oliveiras*, de Kiarostami, *Vive l'amour*, de Tsai Ming-Liang, ou *Prazeres desconhecidos*, de Jia Zangke, maravilhosos como explorações imagéticas, mas sempre pesados e difíceis como filmes. Como você diz, filmes com excesso de cinema (contra o cinemão comercial, cinema com excesso de filme, filmes sem cinema).

Assim, Marcia, na política do olhar, quanto mais nos adentramos no cinema abstrato, mais os filmes gerados fogem da prática do olhar, e os experimentos mais radicais simplesmente prescindem do olhar, não geram filmes para serem vistos.

(O extremo disso são os já mencionados "filmes" de Andy Warhol, extraordinários como experimentos, mas quase insuportáveis de serem vistos.)

Perguntar se haveria uma *filosofia do filme* não seria como perguntar se pode haver ciência do singular? É claro que poderíamos tentar ver os filmes concretos já não como pertencentes a tal ou qual articulação da história oficial do cinema (se são filmes expressionistas, ou impressionistas, ou surrealistas), mas como a materialização de tal ou qual possibilidade do cinema abstrato, mas, ainda assim, o filme mesmo em sua concretude nos escaparia novamente entre os dedos.

Não consegui acabar esta minha reflexão, mas a carta tem que terminar; continuarei tentando responder à tua pergunta crucial nas próximas cartas, ao longo dos próximos cinco anos; a vida é longa.

Afetos,
Julio Cabrera

9 de dezembro de 2012

Marcia, meu curso de cinema e filosofia em Ilhéus foi um sucesso graças à presença constante de um público variado e envolvido. Léo Pimentel foi comigo e ficou lidando com a parte técnica (ele fez, seguindo minhas indicações, um filme de acompanhamento de todo o curso). Desde o primeiro módulo ("Crise da logopatia") até o último (sobre o tema do impedimento em Antonioni), passando por uma discussão imaginária com Ismael Xavier sobre a noção de "real" no cinema, o curso esteve perpassado pelo dualismo *cinema/filmes* que eu estava tentando te apresentar na última carta, como chave de aproximação ao cinema abstrato, e tentando fugir das articulações habituais das "histórias do cinema". Nesse registro, você tinha me perguntado *se seria possível uma filosofia do filme.*

Você deve conhecer o filme de Ingmar Bergman, *Persona* (às vezes traduzido como *Quando duas mulheres pecam*. Os brutos também traduzem). Nesse filme, a senhora Vogler (Liv Ullman) permanece calada o tempo todo enquanto a enfermeira Alma (Bibi Andersson) fala e fala sem parar, invertendo a situação psicanalítica clássica. Quando finalmente decidi escrever esta carta sem aguardar a tua resposta, assumi abertamente o papel da enfermeira Alma. Por que devemos sempre aguardar a resposta do outro? Um epistolário pode ter lacunas e momentos unilaterais que, paradoxalmente, farão parte dele.

Depois de tudo, se você colocou aquela questão (é possível uma filosofia do filme?), por que você não teria o direito de aguardar o resto da minha resposta antes de escrever nova carta? Afinal de contas, a minha última mensagem terminava assim: "Não consegui acabar esta minha reflexão, mas a carta tem que terminar; continuarei tentando responder à tua pergunta crucial nas próximas cartas...". De maneira que agora posso imaginar a senhora Vogler ainda aguardando a continuação da resposta, talvez pensando que uma nova carta sua seria prematura e que Alma tem que continuar falando. Então, é isso: virei seu paciente.

A partir do teu exemplo do filme de Herzog sobre os anões, em que você sentiu fortemente a experiência do cinema sem filme, ou do "excesso de cinema" (o que deixou sem palavras teus amigos naquela reunião que narravas), penso que todas as vanguardas disparam esse mesmo fenômeno, enquanto o cinema mais tradicional (a maioria do cinema que nos lançam na cara semanalmente) aponta para o fenômeno contrário: filmes sem cinema, "excesso de filmes" que nunca exploram as possibilidades do cinema (e é por isso que não precisamos ficar demasiado "atualizados" em estreias e lançamentos, a maioria dos quais são exemplos monótonos de um mesmo molde). O cinema divertimento – não apenas os grandes espetáculos pirotécnicos, mas também filmes recentes como, por exemplo, *Intocáveis*, de Toledano e Nakache, o megassucesso francês – vive da sua preguiça exploratória; o experimental cansa e demanda muita força e interesse para se conseguir não sair do cinema antes do fim (um tema que já visitamos).

Então, o que significa perguntar se existe *filosofia dos filmes*? Não creio que te interesse explorar a imensa selva de filmes sem cinema do circuito comercial (ou te interessa?); creio que ambos estamos pensando em filmes – de vanguarda ou não – que exploram possibilidades do cinema (posso pensar, por exemplo, no *Em busca da vida*, de Jia Zangke, de 2006), mas nos quais podemos pensar como filmes autossuficientes, ou seja, como aquilo que o filme dos anões de Herzog não conseguia ser e aquilo que o "cinemão" consegue ser, mas de maneira mercantil e conformista. Você quer pensar na concretude desse filme singular que está na nossa frente e isso me agrada, na medida em que nos salva das articulações acadêmicas dos teóricos do cinema. Mas como isso acontece?

A situação de partida é a seguinte: de certos filmes podemos dizer que são ousados e importantes, mas que deixam um sabor de perplexidade e insatisfação (como o filme de Herzog sobre os anões); de outros filmes podemos dizer que não têm nenhuma ousadia ou importância, mas que são muito prazerosos como filmes (como o mencionado filme francês). Tiburi, eu me tornei muito impaciente e irritadiço com filmes agradáveis que não têm capacidade para desenvolver o cinema (por exemplo, a cinebiografia da Margareth Thatcher, *A Dama de Ferro*, protagonizada pela Meryl Streep); prefiro filmes desagradáveis que desenvolvem o cinema (como *O Anticristo*, de Lars von Trier, digamos). Isso me leva a pensar que o que pode tornar insuportáveis certos filmes pode ser, precisamente, sua enorme potência experimental.

Mas isso não é forçosamente assim: você pode assistir pela internet a um dos filmes experimentais do último Greenaway, chamado *A última ceia*, de 2010; trata-se de uma fascinante experiência visual na qual o cinema é poderosamente desenvolvido e o resultado é um filme delicioso, que tem uma câmera que acompanha a montagem de uma exposição da *Última ceia* de Leonardo, desde o momento dos pregos e da cola até o evento social em que a obra é exposta. Ora, é claro que o filme não será delicioso para qualquer um! Para um espectador tradicional, o filme (um curta-metragem, na verdade) pode ser insuportável, na medida em que ele está acostumado com o cinema narrativo linear clássico. Um filme singular exige um espectador singular; enquanto um filme como *A invenção de Hugo Cabret* é muito agradável, mas o cinema não cresce com ele; já o mesmo Peter Greenaway esteve dizendo em entrevistas que Martin Scorsese continua filmando como o fazia Griffith no início do século XX.

Então, senhora Vogler, a minha resposta é a seguinte: não há filosofia dos filmes, mas, por um lado, filosofia do cinema (abstrato, com todas as suas potencialidades) e, por outro, simplesmente, *filmes*. O cinema comercial produz filmes agradáveis e cinema omisso; o cinema exploratório e experimental produz filmes nem sempre agradáveis (e às vezes desagradáveis e "chatos") e cinema expansivo e insólito. O desafio é conseguir que o cinema explore novas formas por meio de filmes atraentes (fico me perguntando por que os artistas que melhor conseguiram fazer isso são do grêmio da comédia: Chaplin no passado, Jacques Tati mais recentemente).

Abraços partidos,
Julio Cabrera

São Paulo, 9 de março de 2013.

Querido Julio Cabrera,

Se as cartas que escrevo pudessem ser só inícios, eu já teria respondido algumas vezes. Veja o que comecei a escrever há um tempo:

> São Paulo, 6 de dezembro de 2012.
>
> Queridíssimo Julio Cabrera,
>
> Você tem toda razão, não precisamos ter pressa. Devagar se vai ao longe. Sinto-me bem mais confortável agora que o prazer dessa conversa não se submeterá a nenhuma imposição de trabalho. Vamos lá. Vou aqui agir um pouco irracionalmente na contramão da sua organização invejável. Vou simplesmente falar de um filme.

Daí empaquei. Na verdade, na verdade, fiquei lá chafurdando em artigos acadêmicos e extra-acadêmicos e em um romance que me devora o fígado. Vi muitos filmes no meio do caminho, confirmei que não tenho nenhum gosto pessoal por cinema que não seja mediado pelo seu caráter filosófico.

Continuo, no entanto, com vontade de falar de um filme. No meio do caminho, esses meses que separam a nossa conversa, pensei em vários filmes sobre os quais gostaria de falar arbitrariamente, apenas porque me parecem bons ético-esteticamente falando (será que virei wittgensteineana depois de velha?). Falar de um filme tem a intenção de ser apenas um experimento em que o epistemológico e o estético se tornam uma coisa só, como me parece que ocorre, em geral, com uma obra de arte. Acontece que, diante de *Amour*,* de Michael Haneke, todos os filmes como que se apagaram para mim.

Talvez não haja muita graça em se falar sobre um filme tão recente, afinal, o recente se parece com imediato. E o imediato, mesmo sendo mediado e, portanto, não existindo, dá a sensação de pouca elaboração. Podemos crer que o tempo por si só se encarrega de oferecer a maturação da experiência.

---

* Em português: *Amor*.

O fato de que muitas pessoas estejam ainda ligadas a esse filme, a vê-lo e a emocionar-se com ele também parece atrapalhar, pois é elementar que nossos julgamentos estéticos e nossos posicionamentos epistemológicos sofram interferência do mundo ao nosso redor. O ato de separar a filosofia do senso comum, por mais que o levemos a sério, não é tão puro quanto desejável. Com isso quero dizer que, a cada vez que ouço alguém falando do filme, sabendo que eu queria ver nele algo como um "ponto alto" filosófico, acabo preocupada e incomodada com o "gostei" e "desgostei", como se uma experiência de gosto mostrasse quanto as pessoas estão distantes das questões éticas e estéticas do filme.

Para muitos o filme não foi nem um pouco "atraente", para usar sua expressão. Eu mesma não quero nunca mais vê-lo. No entanto, considerei-o um dos melhores filmes que vi em toda a minha vida. Não quero com isso reduzi-lo a um objeto do meu mero gosto particular. Não pretendo sequer compará-lo com outros, o que incorreria no perigo de um ranking pessoal. E rankings, sejam pessoais ou impessoais, são ridículos.

Falar do filme, eis a intenção que não implica a pretensão de argumentar ou de julgar, embora de certo modo isso já esteja sendo feito. Se eu pudesse falar para além disso, estabelecendo com o filme uma continuidade, como se falar do filme fosse continuar o filme, estendê-lo, espalhá-lo e ao mesmo tempo continuar dentro dele. Essas são fantasias, Cabrera, sobre as quais talvez você diga que não entendeu o que eu quis dizer. Não sei bem o que quero dizer, sei que não gostaria de explicar o filme, nem de marcar a sensação que dele tenho, mas tão somente sinalizar o que ele suscita.

Quanto ao filme, o que dizer, quando não se quer dizer "sobre" e sim dizer "com", dizer junto? E para que isso? Para não machucá-lo, fazendo da linguagem que o toca uma arma pontiaguda. Sou a favor de usar a linguagem como arma que corta e permite, assim, a anatomia da obra. Mas, no caso desse filme, isso me faria mal porque tenho a impressão de que faria mal ao filme – filme como aquilo a que penso que assisti e que, nesse aspecto, está todo dentro do campo da minha recepção. Em vez de pensá-lo, eu poderia dizer que gostaria de senti-lo. Mas essa separação entre pensar e sentir seria um clichê desinteressante. Desse modo, penso que falar sobre o filme de modo que preserve o filme é expor uma impressão carregada de afetos e de ideias em estado bruto.

Interessa-me a impressão. Se você quiser falar sobre isso, ficarei bem feliz. Os filmes são impressões que impressionam. Impressões que provocam impressões. Isso eles têm em comum com os livros.

Falando em livro, lembro-me de um de Jensen, chamado *Gradiva, uma fantasia pompeiana*, sobre o qual Freud escreveu um texto bem conhecido chamado *Delírios e sonhos na Gradiva de Jensen*. No livro de Jensen (sobre o qual escrevi um artigo dia desses), o amor é uma impressão. Meu foco no artigo não era o amor, era a questão de uma leitura feminista, mas isso não vem ao caso agora, fato é que o amor me parece um termo muito desgastado, muito mal usado pelo romantismo, nesse caso um verdadeiro termo acobertador da ideologia patriarcal, que, como operador prático (existe isso?), ajuda a confinar mulheres em sua lógica. Acobertador também do elemento de conveniência que estabelece as relações entre pessoas que dizem que se amam, como se amar não fosse uma conveniência. Quer dizer, temos que fingir que não é.

Bom, mas *Amour* é o filme. Isso quer dizer que o amor está ali de certo modo, demonstrado, tornando-se um filme. Que o filme seja a prova de algo como "amor" me parece algo próximo da verdade. A apresentação do amor como uma ideia também me parece razoável. Depois do *Banquete*, de Platão, *Amour* me parece a obra que melhor mostra o que seja o amor. Mas não se trata do amor no filme como mera ideia abstrata, e sim como um fato concretamente exposto, dado. O amor está dado e, ali, despoluído de todas as contingências da vida, embora ele só possa aparecer como algo que deriva de uma contingência. O amor só pode aparecer porque já não havia mais nada.

Um filme perfeito no sentido de mostrar o amor, mostrar amor, porque liberou o amor da cafonice do erotismo, do sentimentalismo, do drama. O amor ali não era um elo social, não era um sentimento. Era um fato. O filme, a tragédia da vida. Por isso ele causou tanto mal-estar: gente saindo do cinema, achando o filme apelativo, insuportável, um filme sobre o fim da vida, tão cru, tão cruel. Claro que ganhou o aparte de concessão do prêmio que os americanos inventaram para se autopremiar, e isso basta para que o filme tenha sucesso de bilheteria. As pessoas não sabem o que veem, não é mesmo?

Era um filme fora do filme, não te parece? Por fim, um filme sobre a vida, justamente porque mostrava a morte não como um medo, não como uma angústia, mas apenas como um fato a ser enfrentado dentro de limites ético-estéticos.

Por fim, o único elemento que não me deixa aderir totalmente ao filme diz respeito à presença da mulher morta. Tenho pesquisado isso há anos e, desde que Poe definiu que "uma mulher morta é o motivo mais poético do mundo", eu persigo na pintura, na literatura e também no cinema esse motivo. Que o filme traga esse "tropo" me deixa desconfiada, pois sabemos que o sucesso das obras depende dessa aparição de uma mulher morta, tanto que poderíamos fazer um inventário dos filmes que a contêm ou não. Ali a mulher que é morta é uma velha senhora, mas como ela sofre... Por que deixá-la sofrer tanto? Que prazer ou desprazer queria causar o diretor ao estabelecer essa linguagem? Enfim, aqui a conversa se encompridaria muito, e eu queria apenas sinalizá-la. Quem sabe você possa me dizer algo sobre isso.

Não sei se me explico bem, creio que não. Não queria exatamente me explicar bem, talvez porque também não consiga fazê-lo melhor do que faço.

Gostaria muito de saber se você o viu e o que pensou sobre esse filme.

Um beijo,
Marcia

Brasília, 15 de abril de 2013.

Tiburi, que bom que você voltou, e da melhor maneira possível: falando em filmes. Aceito o convite: entre o diálogo interminável e a parada abrupta, sugiro que ocupemos o resto das nossas cartas em falar de filmes concretos, a propósito dos quais retomarmos as nossas obsessões e sensibilidades e aquelas questões fundamentais que já levantamos. Não mais poeira teórica; filmes, filmes.

Amour. Bom! Claro que assisti, e exatamente duas vezes, o número que você quis evitar (uma vez basta!). Um "filme sem cinema" (na vereda oposta ao filme de Herzog sobre os anões), com impacto irresistível muito mais pelo que desperta em seres assustados como nós – Anne não é um mero objeto de contemplação – do que pelas suas inexistentes inovações formais: câmeras estáticas, montagem tradicional, atuações ortodoxas, roteiro linear. Vale mais pelo que vem de fora – a assim chamada "condição humana" – do que pelas entranhas da obra. Não, não pergunte a um filósofo pessimista o que achou desse filme porque a primeira observação que ele vai fazer é que o filme mostra como os horrores da vida humana podem dar tela para um filme belíssimo. Arte longa, vida breve e terrível.

Como todos os velhinhos da minha idade, torci pela Emmanuelle Riva em todas as premiações europeias; essa maravilhosa atriz solteira e sem filhos, atriz-fetiche de *Hiroshima, mon amour* (1959), de Alain Resnais, já tinha sido conceito-imagem de uma eutanásia poética num esquecido filme político de Gillo Pontecorvo chamado *Kapò* (também de 1959 ou 1960). Nele a então jovem Emmanuelle (com 32 anos) faz o papel de uma prisioneira num campo de concentração que constantemente está levantando o moral de sua colega (Susan Strasberg), mas que num determinado momento, quando se vê transformada num farrapo humano morto de fome e desespero, se lança sobre os arames farpados eletrificados. Mais de cinquenta anos depois, ela precisa de outra pessoa para sair de uma vida ética e fisicamente insustentável. Os nazistas foram capazes de tornar insuportável uma vida de 32 anos ou menos, mas a vida mesma se encarrega de tornar insuportável qualquer vida cinquenta anos depois.

Mas o tema aqui é o amor. Não é preciso que uma prisioneira de um campo de concentração seja conduzida para a morte, ela pode fazer isso por si mesma, mas uma prisioneira da condição humana, sim, pode precisar de alguém que a ame muito para poder morrer, se não com dignidade, pelo menos em silêncio; como você diz tão bem, um amor que não se manifesta por sentimentos, nem mesmo por atitudes, mas numa ação. E, de fato, não sei se você concorda, o filme é muito pouco sentimental; um de seus sublimes segredos é como ele consegue comover tanto sem lançar mão de sentimentos, numa narrativa muito mais comportamental do que especulativa. A extraordinária Riva mostra toda a frieza, o egoísmo e o distanciamento agoniado de um doente terminal e manifesta seu desejo de morrer em função dela mesma, não do marido ou da filha; ela se torna despótica e amarga, sem nenhum heroísmo louvável (daquele que desperta a admiração das pessoas diante da "luta pela vida"; não há nada disso por aqui, e não era de esperá-lo num filósofo pessimista como Haneke, autor de impactos amorais como *A professora de piano*, *Caché* e *A fita branca*).

Amor, amor genuíno, em contato com a crueza inóspita da condição humana, não significa carícias ou afetos sublimes, mas um ser-para-a-morte partilhado; amor é, certamente, aquele passado de professores de música carismáticos, adorados por seus alunos, aquelas *soirées* culturais em concertos e reuniões, mas amor é também a disposição para morrer e para matar, pois esse filme eutanásico (o segundo premiado por Hollywood, depois de *As invasões bárbaras*) mostra em imagens como o suicídio ético se constitui como um elemento indispensável de qualquer vida humana, contra toda uma tradição filosófica cega para o óbvio: a única maneira de morrer dignamente é pela "boa morte" que podemos nos dar, aquela morte que não aguarda pela sua consumação "natural", com toda a espantosa crueza que o filme mostra. No entanto insisto: é puro filme sem cinema; toda a sua emoção vem do mundo, não do estilo. Ao criar a vida humana, Deus deixou Michael Haneke no lugar de mero assistente de direção.

É por isso profunda a tua decisão de achar o filme extraordinário, mas não querer vê-lo nunca mais. Ele – como certas viagens, e talvez como a vida mesma – desperta certo sentimento de satisfação por "tê-lo visto", fazendo esquecer como foi penoso *vê-lo*. Sim, uma vez basta; ele já entrou para sempre nos arquivos da memória e de maneira tão dolorosa, que não precisa ser rememorado. Escrito em sangue, é para ser cultuado à condição de nunca mais ser encontrado; não porque uma segunda visão seria mais dolorosa, mas porque o seria menos.

Sim, o amor está realmente mostrado, demonstrado, provado nas imagens desse filme, um amor que não acaricia mas asfixia, não doa vida mas a remove; nas hierarquias do lembrado *Banquete* platônico, é certamente amor superior divino, transcendendo peles e sensações térmicas; adorei e admirei as tuas frases: "O amor só pode aparecer porque já não havia mais nada" e: "O amor ali não era um elo social, não era um sentimento. Era um fato". Não poderia dizê-lo melhor em tão poucas palavras. À diferença de Anne, o filme de Haneke tem muita vida pela frente; não tem que ser asfixiado, nem mesmo com palavras.

Mas ele era fundamental para provar imageticamente a tese filosófica de fazer com que o sofrimento de Anne fosse absolutamente insuportável, que se alastrasse além de toda medida num filme tão medido como esse. Isso me chamou a atenção nas tuas últimas observações: é claro que a dimensão do amor que o filme pretende mostrar depende diretamente da vida mostrada em toda a sua terminal necessidade de amor; Anne nem precisava de flores (era o marido que delas precisava), apenas queria morrer. Curioso como ela se debate, como as suas pernas debilitadas ainda se mexem com desespero quando se sente asfixiada; não é *ela*, evidentemente, quem quer continuar, mas seu mero corpo alienado. É por isso que o amor tem que ser mais forte e intenso do que o incurável debater-se do corpo por mais um segundo de vida, mesmo miserável.

(No meu museu imaginário, apenas *Gritos e sussurros* (1972), de Ingmar Bergman, me veio à memória. Viu? Lembra?)

Precisamente, o preço a pagar por comentar um filme sem cinema é que a gente nem fala mais do filme, porém da vida que transparece nele; para fazer-lhe justiça como filme, teríamos que tentar o impossível: não nos deixar afetar pelo que mostra, mas para isso o filme teria que ser muito mais fascinante formalmente do que consegue ser.

Riva rouba tudo, entretanto seria injusto não falar nada sobre Trintignant. Sua presença faz pensar que os próprios atores de cinema, com suas vidas permanentemente expostas a uma câmera, sendo reproduzidos, testemunham o doloroso processo do envelhecimento de maneira patética. Parceiro de Brigitte Bardot em seu auge (*E Deus criou a mulher*, de Vadim), na década de 1950, jovem protagonista dos filmes de Valerio Zurlini (*Verão violento*), Dino Risi (*Il sorpasso*)* e Eric Rohmer (*Minha noite com ela*), estrela de filmes oscarizados (*Um homem e uma mulher*, *Z*), depois ator maduro marcante (*A fraternidade é vermelha*, de Kieslowski), ele atravessa todo o cinema francês da segunda metade do

---

* Em português: *Aquele que sabe viver.*

século XX. Agora esse octogenário, doente ele mesmo (curiosamente, mais doente que Riva na vida real), não deixa de reapresentar, para quem acompanhou sua carreira – como é meu caso – todas as teses do filme de Haneke; assistimos a *Amour* com uma vontade louca de asfixiar Trintignant, de fazer com que esse filme seja seu último; na verdade, o último dos dois: que mais poderiam fazer depois de tanta intensidade?

Abraços sem cinema,
Julio

São Paulo, 2 de maio de 2013.

Julio Cabreríssimo,

Amanhã vou rapidamente a Brasília, mas volto na segunda para nosso encontro no Fifi (sem Fifi não há filosofia saudável neste Brasil). Para minha alegria, vou encontrá-lo e ouvi-lo. Adoraria assistir a suas aulas, você sabe disso. Essa será uma oportunidade, prometo falar pouco.

Agora também quero escrever pouco. Gosto imensamente de suas cartas, essa última oferta--me a chance de falar do meu filme preferido, ou melhor, do filme de minha vida, por isso agradeço como nunca. E é o que farei. Antes de passar ao filme, fiquei por dias pensando em comentar com você sobre os filmes de Andy Warhol. Pensando neles, me dei conta de algumas coisas nas quais você insiste e de que eu, muitas vezes, desconfio.

Por exemplo, da diferença entre cinema e filme. Na teoria eu entendo, mas na prática sempre é complicado ver a diferença. Se eu fosse falar de Warhol, daqueles screen tests todos, eu estaria falando de cinema, mas quanto a *Gritos e sussurros* falarei de um filme, o filme.

Dizer que é o filme de minha vida não é um exagero. Aquele filme me faz lembrar de mim, pelo menos do meu lado mulher (você tem um lado mulher? Pois eu tenho), e de minhas irmãs. Quando o vejo, fico sempre pensando qual das mulheres eu sou. Pego-me nesse exercício ingênuo, meio mórbido, mas meio saboroso. Claro que não me identifico com as que vivem.

Tornei-me especialista em mulheres mortas, inclusive tenho tentado entender como elas aparecem no cinema. Você pode me ajudar com seu impressionante repertório... Fiz um pós-doutorado em história da arte, e meu assunto era essas fulanas mortas, nas pinturas, mas estudei os casos de assassinatos literários também. A pesquisa continuou e até hoje não consegui terminar o livro (falta inclusive o capítulo do cinema), mas já incluí de Ofélia a Diadorim, de Gradiva a Maria Bonita. Bom, coleciono-as, assim no cinema. Entram no meu inventário todos os tipos de mortas, as que já surgem mortas, as que serão mortas, as que parecem mortas, as mortas-vivas: *A dama do lago*, de

Robert Montgomery, *Alice*, de Chabrol, *Vivre sa vie*,* de Godard, *Fale com ela*, de Almodóvar, *O Anticristo*, de Lars von Trier, *Poesia*, do coreano Lee Chang-dong, *Vertigo*, de Hitchcock, e até mesmo *O labirinto do fauno*, do Del Toro. Interessam-me aquelas que, em algum momento, aparecem mortas. Também a personagem Anne de *Amour*, afinal ela é uma morta muito particular. Uma morta realmente diferente dos motivos espetaculares dos filmes. Interessam-me essas mortas incríveis, não só as assassinadas (essas são tantas). Interessa-me a imagem de uma mulher morta.

Não faria toda a diferença se o doente e morto fosse o marido de Anne? Por que essa posição cabe a uma mulher? Será um papel de gênero? Tenho muitas especulações sobre isso e começo a esboçá-las aqui com você. Tenho que dizer que me interesso também pelas inválidas, por todo tipo de "doentas", por rebaixadas e maltratadas em geral. Qualquer vítima, qualquer pobre coitada tem relação com essas mortas.

Daí que *Gritos e sussurros* seja, entre os filmes de gênero, o meu preferido, o filme dos filmes. Um filme em que a mulher aparece como "natureza morta" a enfeitar uma casa que é uma verdadeira "pintura" de gênero. Lá fora a natureza verde e

---

* Em português: *Viver a vida.*

ensolarada, na casa, o grande gineceu, paredes, tapetes, objetos domésticos, móveis, e a mulher, objeto, móvel, em pleno trabalho de morte. Aquele mundo em vermelho (um útero em carne viva), aquelas mulheres de vermelho e branco... Outro filme "escrito em sangue" como você disse... que atmosfera, que gozo para o olhar que se compraz com uma ferida e seu pus... Por sorte não sei fazer uma análise semiótica (que os deuses do cinema nos protejam disso), mas há tanta iconologia, tanto simbolismo nesse cineasta das mulheres confusas que é Bergman...

Note que estou pondo reticências porque não pensei até as últimas consequências a que nos conduz esse filme.

O que me interessa, num primeiro momento, é que Agnes é a própria sacrificada. Que quer dizer isso? Não é de graça que ela tem esse nome. Uns dizem que Agnes vem de santa, tem a ver com pureza, mas, como o latino *Agnus Dei* não nos deixa esquecer, puro é o cordeiro "sacralizado" que se oferta a Deus. O cordeiro de Deus tira os pecados do mundo, como o padre que reza sobre o corpo morto de Agnes que jaz na cama. Agnes é uma figura sacrificial em uma casa marcada por um profundo desamor. Ela é o elo entre potências irreconciliáveis. De um lado, o ódio personificado na irmã ressentida – e sexualmente meio perversa –, de outro, o amor personificado na irmã mais simplória, mais afetuosa, portadora de uma sensualidade que não cabe naquele mundo frio. Curiosa é a cena em que o marido, desconfiado da traição com o médico, tenta se matar. Bergman conseguiu construir um marido patético (um marido como o da música do Chico Buarque, "com cara de marido"). Entendo que Agnes preferiu ficar doente e morrer a se casar.

Como "doenta" ela tem um papel fundamental, ela liga o mundo ao redor de si. As irmãs que não se relacionam estão, por meio dela, relacionadas. A doença é um elo. A morte que há de vir dá sentido, pelo menos provisório, à vida. Vem a sequência da doença. Parece elementar dizer isso e parece elementar que as mulheres gostem da irmã. Por outro lado, complementando o contexto em que a obrigação em servir recobre o gozo com a dor, está a morta em seu lugar de santa que sente todas as dores do mundo. Serão as dores schopenhaurianas do mundo? Dor física como é físico todo o sofrimento do mundo. Ela grita de um modo absolutamente irreal para dizer que nada daquilo faz sentido. Quem percebe isso é Karin, a ressentida automutilada, cheia de um ódio incontornável e igualmente físico, tanto que não pode ser tocada: o amor dói.

Eu poderia escrever páginas sobre esse filme que me leva a tanta "fantasiação" epistemológica. Porém não o farei, pelo menos não agora. Mas queria saber o que você pensa desse filme. Quero também saber onde está o cinema nesse filme, ou que tipo de filósofo é Bergman. Ou ainda: que tipo de filosofia Bergman fez ao fazer cinema?

Brasília, 8 de maio de 2013.

Foi coincidência, realmente, ter mencionado *Gritos e sussurros*, um filme que muito assustou ao jovem Cabrera (e parece que ainda ao velho: tenho exatamente dezessete filmes de Bergman na minha coleção particular, e esse filme – teu favorito – não é um deles). Mencionei-o apenas porque você dizia, sobre *Amour*, que achavas excessivo o sofrimento de Anne mostrado por Haneke, sendo que o sofrimento de Agnes no filme de Bergman me parece muito mais insuportável. Enigmas da recepção?

Nunca pensei em mulheres mortas (sobre meu lado feminino, a nossa verdade está no outro, como diz Hegel), nem sabia que você era especialista no assunto, uma tanatógina. Ainda falando em *Amour*, a possibilidade que você menciona – o que aconteceria se fosse o marido o morto e não a mulher? – está levantada no próprio filme, quando Anne manifesta, logo depois de voltar do hospital, que não tem mais sentido viver assim, e o marido lhe pergunta: "Ponha-se em meu lugar; isso poderia ter acontecido comigo; o que você faria?". E ela responde: "Há uma grande distância entre imaginação e realidade". A pergunta incômoda é: teria Anne amado até o ponto de afogar seu marido moribundo? Você já a encontra morta – como os bombeiros no início do filme –, mas ela morreu por amor; teria o marido morrido por amor se a situação se invertesse? Eu creio que não. Mas, então, parece que o lugar da morta por amor (o amor do título) deve ser ocupado pela mulher (e aqui você já pode inferir alguma coisa sobre meu lado feminino). Você fala dela como de uma morta incrível, mas quem é incrível é George; ela não é uma morta incrível; ela é incrivelmente morta por ele.

Quanto a Agnes, ela me interessa como morta-viva, quando, depois de ter oficialmente falecido, "volta" – no melhor estilo Edgar Poe nórdico – para atormentar suas irmãs, às quais chama sucessivamente por intermédio da empregada, alegando que não consegue morrer, tentando levá-las para a morte com ela. Mas Agnes consegue atormentá-las porque estão todas inseridas no universo de Bergman, um universo moralista que me incomoda (moralismo que Woody Allen, admirador incondicional de Bergman, imitou muito bem em seus experimentos bergmaneanos de fins dos 1970 e dos anos 1980, *Interiores, Setembro* e *Uma outra mulher*). Parece que os personagens são todos "faltos de amor" e "falsos" e que por isso adoecem, recuperando aquela ideia do passado da doença como pecado, falta e expiação. Como não tenho esse viés religioso de Bergman (também de Wittgenstein), sou um pouco insensível para esse tipo de motivo; as irmãs de Agnes são culpabilizadas pelo seu sofrimento, como se existisse "vida autêntica" e elas tivessem se "desviado" dela; essa ideia – esse imaginário – me parece mais terrível do que todos os gritos e os sussurros. Agnes é apenas uma mulher com câncer; poderia ter acontecido com qualquer uma de suas irmãs, acontecerá com qualquer um de nós.

É isso que eu prefiro de *Amour*, porque Haneke constrói um universo nada bergmaneano; precisamente, no momento aludido, o marido levanta a possibilidade de isso ter acontecido com ele e não com ela; é tudo tão espantosamente gratuito. Anne não poderia – como Agnes poderia – ser uma oferenda, uma sacrificada, um ícone, mas apenas uma mulher mortalmente doente; sua doença não tem nenhum sentido (com Lévinas, penso que não deveríamos tentar dar nenhum tipo de sentido ao sofrimento); precisamente, a morte de Anne adquire um sentido histórico-existencial, não teológico, quando o marido a mata por amor; ela já sabia que seu valor só ressurgiria morta; aquela mulher morta no leito, cheia de flores, é apenas uma ressimbolização da sua humanidade, perdida na mera vida. Confesso que o universo gelado de Haneke (já presente em *A fita branca* e outras) me agrada mais que o universo cheio de acenos de Bergman.

(Mas há agradáveis momentos Haneke em Ingmar Bergman; por exemplo, o momento em que o cavaleiro Block perde a partida de xadrez com a Morte em *O sétimo selo* e diz: "Bom, leva-me contigo, mas, pelo menos, me diga seu segredo"; e a Morte responde: "Eu não tenho nenhum segredo". A propósito: já notou como Haneke se parece fisicamente com a Morte de *O sétimo selo*?)

Ainda acerca de mulheres mortas, você mesma diz que, se contássemos as assassinadas, não acabaríamos nunca. Você cita Vertigo, mas Hitchcock é mestre em matar mulheres, desde *Rebecca* e *Janela indiscreta* até *Psicose*, obras todas banhadas em sangue feminino. Marion Crane será novamente assassinada por Gus Van Sant nos anos 1990 e, metaforicamente – no registro do plágio –, por Brian De Palma (*Vestida para matar*). Você menciona *Fale com ela*, mas se poderia lembrar *O reverso da fortuna*, de Barbet Schroeder, com outra morta-viva e a bela e trágica Laura Palmer em *Twin Peaks*, de David Lynch, as suicidas heroicas *Thelma & Louise* (Ridley Scott) e a mãe adúltera por três dias de

As pontes de Madison, um filme todo ele feito sob o registro de uma mulher morta. O reverso disso seria aquelas mulheres que sofrem, precisamente, por ficarem vivas depois de acidentes (como em *A liberdade é azul*, de Kieslowski) ou simplesmente depois de terem vivido muito (como as velhinhas de *As baleias de agosto*, de Lindsay Anderson).

Estamos falando de filmes, mas filmes têm que ser escolhidos, e os critérios de escolha serão para mim sempre os seguintes: primeiro, ignorar qualquer referencial erudito ou histórico (como assistir a um filme do qual não ouvimos falar nada; tente fazer isso alguma vez); segundo, o filme (qualquer filme) será visto sempre e invariavelmente mais como um tipo de empobrecimento (das potencialidades abstratas do cinema) que como uma realização (o mesmo que digo sobre a vida humana em meus livros de ética: nascer é sempre uma grande limitação, já que, quando não éramos nada, éramos todo o nada, e não apenas uma parte dele, como agora).

Ao falar de *Amour* e de *Gritos e sussurros*, falamos muito sobre seus conteúdos comoventes, e é o que fazemos em geral ao falar de cinema; como Frege afirma sobre a linguagem, quando a usamos, normalmente queremos falar sobre o mundo e não sobre a linguagem; quando falamos de cinema, não queremos falar de cinema, mas do que os filmes apresentam, por exemplo, mulheres mortas. Mas o que apresenta, como *Film socialisme*, um dos primeiros mencionados por você em nosso epistolário? Precisamente, em contraste com filmes sem cinema como os de Bergman e Haneke, o poderoso cinema sem filme de Godard nos desafia de uma maneira nova, tanto na experiência do olhar quanto na de "falar sobre".

Outros cinemas sem filme que me ocorrem seriam as experiências de Jacques Tati, Antonioni, Alain Resnais, Peter Greenaway, Tarkóvski, certo cinema asiático (como Jia Zangke), *Zazie dans le métro*,* de Louis Malle, *The knack*,* de Richard Lester, *Inferno no Pacífico*, de John Boorman, *No limiar da liberdade*, de Joseph Losey, *Alice*, de Claude Chabrol, *Sympathy for the devil*, de Godard (mas não, por exemplo, *O desprezo*); o Gus Van Sant de *Elefante*, *Gerry* e *Paranoid Park* e também de *Psicose*, mas não de *O gênio indomável*; o Jim Jarmusch de *Dead man*, *Mistery train*,* *Os limites do controle*, mas não o de *Flores partidas*; de Alexander Kluge tudo; o primeiro Wenders (*Verão na cidade*), mas não *Paris/Texas*!; de Sokurov, *Arca russa*, mas não *Moloch*; de David Lynch, *Mulholland Dr.** e *Inland empire*,* mais do que *Blue velvet**.

---

* Em português, respectivamente: *Zazie no metrô*, *A bossa da conquista*, *Trem mistério*, *A cidade dos sonhos*, *Império dos sonhos* e *Veludo azul*.

Então, o paradoxo de falar sobre filmes consiste em que se escolhermos cinemas sem filme não teremos muito para dizer, salvo que, seguindo Frege, nos disponhamos a falar sobre a linguagem em lugar de simplesmente usá-la, falar sobre a câmera em lugar de falar do que é mostrado por ela (um movimento perverso que adoro fazer). Pois Agnes e Anne são demasiado arrebatadoras em seus dramas apelativos, envolventes; essas mulheres mortas não nos deixam falar de cinema, são demasiado filmes; sua concretude impede qualquer exploração estética (tanto que, como disse numa carta anterior, o mais horroroso dá tela para um filme belíssimo; ele não é, pois, belo pelo que mostra, senão pela maneira de mostrá-lo, mas é sobre essa maneira que as pessoas precisamente não falam – nem mesmo nós dois – quando comentam esses filmes).

Por exemplo, tão importantes quanto, ou mais do que o drama sacrificial das irmãs do filme de Bergman, são suas figuras brancas em fundos verdes de jardins despovoados, ou a escuridão de suas salas intermináveis, ou o diluído dos rostos em primeiro plano, ou a figura materna da empregada recebendo em seu seio o corpo da moribunda, ou a particular maneira de os rostos aparecerem por trás de outros rostos. Nesses últimos tempos, Marcia, a minha obsessão – apresentada algo festivamente no Fifi na semana passada, diante da estupefação geral – consiste em tentar pensar como seria fazer um filme pela primeira vez, realmente um filme que utilizasse todas as potencialidades do cinema e deixasse de lado tudo aquilo que as prejudica, ao que chamo o primeiro filme, o PF (que não é um prato feito); uma maneira jocosa e algo agressiva de escolher filmes e mais filmes nesta última etapa do nosso livro seria explicar por que um determinado filme escolhido não seria um PF, aquele tampouco e aquele outro menos ainda e assim por diante.

Posso fazer isso no caso do *Gritos e sussurros* e de *Amour*, tentando responder à tua pergunta sobre a filosofia de Bergman, mas a carta se tornaria interminável; farei isso na próxima vez, dependendo das tuas aguardadas respostas, que sempre me estimulam.

Abraços,
Julio Cabrera

Brasília, 16 de maio de 2013.

Caríssimo Cabrera,

Não tenho visto nenhum filme (isso pode significar que ando indo ao cinema demais). Não fui ao cinema desde a última carta. E desde *Amour* continuo sem ir ao cinema. No entanto, ouço falar em filmes e até leio sobre eles. Aliás, uma diferença entre filmes e cinema é que as pessoas falam dos primeiros mesmo sem tê-los visto, não é assim? Sobre "cinema" quem fala além de você? Permita-me brincar. Se bem entendo sua teoria da negloptência (ou seja, "des-visão") sobre os filmes, penso que ela também se aplica como teoria à leitura jamais realizada de um livro. Vivemos a "des-visão" e a "des-leitura". Não lembro e não consegui achar o trecho em que pensei que você teria dito também que não lemos os livros. Você disse isso ou eu projetei a ideia em sua pessoa epistemológica? Talvez eu esteja fantasiando essa dedução.

Fiquei pensando sobre a sua teoria do PF (primeiro filme), se ela seria aplicável aos livros que temos em mãos (inclusive o nosso). Se por acaso escrevemos os livros ou se posso ainda escrever meu PL (que seria o primeiro livro). E fico pensando em se, além do seu "PE" (primeiro espectador), finalmente poderíamos formar um primeiro leitor: PLt. Foi aí que, embora eu achasse tudo isso muito divertido, pensei que é divertido justamente porque é inútil, inclusive epistemologicamente, e, na verdade, somos todos umas mônadas sem janelas ou portas, e a música do Bob Dylan que toca no quarto de minha filha também não a estou "escutando". Ou seja, o paradoxo de falar sobre filmes é o mesmo que o paradoxo de falar sobre livros. Há literatura sem livros, assim como há cinema sem filmes e filmes sem cinema e livros sem literatura.

Eu adoraria não ter essas objeções que engrossam o caldo da minha dúvida: se um PF ainda não foi feito, de que "filmes" estamos falando mesmo? Se um PL não foi escrito, que livro é esse?

Bergman conseguiu fazer um filme, mas que filme é esse que ele fez? Ou ele fez filmes que, na verdade, não são filmes e são apenas cinema. Ou nenhuma das duas coisas. Ou, na verdade, ao falarmos dos filmes, acabamos não falando deles, e a nossa linguagem implicada nessa tarefa não passa de algo que está *blowing in the wind*. Claro que você vai ter que explicar melhor sua teoria do PF, por favor, pelo menos em rápidas premissas. Então, depois a gente volta a falar de filmes ou desiste e começa a falar de cinema ou desiste e começa a falar do motivo pelo qual estamos falando.

Você vai pensar que já explicou tudo, e eu estou tendo um momento de burrice pelo qual serei de algum modo punida por meu próprio Daimon, mas acho que ainda vale a objeção.

É que o que você chama de filme é a narrativa. Nunca gostei muito delas, confesso, filmes são, nesse aspecto, como romances – e se guiam reciprocamente na história. Sempre preferi a filosofia e sua antinarrativa (ou simplesmente sua não narrativa, por isso somente hoje, já envelhecendo, é que começo a ver a beleza dos diálogos de Platão) e sua liberdade de escrever como se existisse alguma relação entre a escrita e a realidade, como se existisse realidade além da linguagem que se usa para chegar a ela. Na verdade, nunca gostei dos filmes, mas do cinema. Não me convide para ir ao cinema ver um filme, pois os acho todos quase de modo geral muito chatos. Mas a chatice não é uma categoria frutífera de análise e, portanto, deixemos para lá.

Contudo aprendi que há coisas muito interessantes no cinema como nos mitos usados tão bem por Platão para apresentar suas ideias de modo mais direto. Que o cinema é, afinal, o mito que nos faltava. Quer dizer, é o mito do nosso tempo, assim, rearranjado para nosso tempo. Não há melhor modo de ver uma "ideia", não o *eidos*, mas o *eikon*, do que em um filme. Não é isso o que você pensa?

Fora isso, vi *Alien* umas 45 vezes desde 1979. Será que eu já consegui ver esse filme? Parece-me que a melhor parte dele era justamente o cinema. E penso que o cinema, nele, era um tom meio silencioso em tudo, aquele começo em que, como no cinema de Tarkóvski, ninguém habita uma cena e é só o espaço vazio que, sem dizer nada, nos coloca num outro lugar, finalmente transformados em extraterrestres: é o momento em que somos cinematográficos.

Beijos,
Marcia

Brasília, 19 de maio de 2013.

Marcia,

As diferenças aparentemente lúdicas entre cinema e filmes – que você entende perfeitamente bem, apesar de suas charmosas declarações de pretensa ignorância – podem ser muito úteis para entender o que significa ser cinema além de sua dimensão pipoca. Você pede que eu explique em duas palavras a diferença entre cinema e filmes e a ideia de um PF (primeiro filme), e eu atendo à demanda, mas mirando sempre o nosso conjecturado leitor.

Como o nosso propósito nestas últimas cartas é falar *de filmes*, aproveito ainda vários filmes que você mesma foi mencionando desde o início das nossas conversas – outra avalanche de filmes irá aparecendo aos poucos – para explicar aquelas escabrosas diferenças. Por exemplo, você muito cedo mencionou *Film socialisme*, de Godard, e *Os anões também começaram pequenos*, de Herzog; são dois típicos cinemas sem filmes (ou com muito pouco filme); o cinema comercial em geral (*Titanic* e coisas piores) é quase sistematicamente filmes sem cinema, mas não apenas o cinema comercial; a minha ideia é que *Gritos e sussurros* e *Amour* são também filmes com muito pouco cinema. Explicar isso de novo nos leva ao PF, à ideia espantosamente pedante de que o primeiro filme ainda não foi feito, assim como, sim, foi feito, há muito tempo, o primeiro livro.

O cinema tem muitas possibilidades expressivas que não se limitam ao narrativo, ao edificante, ao moralizante, ao linear, ou ao documentário, ao crítico-político ou ao estético, e que ainda não foram exploradas. Por certa obrigação técnica, o cinema mudo fez muito experimentalismo com essas possibilidades, mas o sonoro interrompeu esse processo, e os cinemas imediatamente posteriores não souberam resolver o problema das relações entre som e silêncio; do silêncio falado (no irritante mover dos lábios dos atores do cinema mudo) se passou para o falatório insuportável dos filmes dos anos 1930 e 1940. O que sustento é que a quase totalidade do cinema comercial e a maioria do chamado "cinema arte" – seja isso o que for – continuam sem conjugar de maneira ótima e criativa – experimental

– as relações entre som e silêncio. De tal forma, são feitos muitos filmes – talvez demasiados –, mas eles continuam sem explorar aquele curioso e rico contraponto.

E isso, por diversas razões; no caso de Bergman e Haneke, porque eles têm algo demasiado importante – o que não quer dizer difícil – para dizer sobre a condição humana. Isso não é algo bom para o cinema, mesmo que o seja para espectadores de certo tipo; se você tem algo muito importante a dizer sobre a condição humana que exige muitos desdobramentos discursivos, então você tem em mãos um tratado de filosofia, não um filme; um filme é uma realidade evanescente, um sonho à beira do pesadelo e do delírio; não é uma tese de doutorado. Bergman quer mostrar o comportamento de um grupo de irmãs, uma das quais está morrendo em casa (por algum motivo, a tiraram do hospital) de uma doença grave e irreversível; Haneke (em *Amour*) quer mostrar as vicissitudes de uma doente terminal que pede explicitamente que não seja levada para o hospital e cujo marido a mata para livrá-la do sofrimento; esse filme é mais gestual e minimalista que o filme de Bergman (como quase todos os filmes de Bergman, por sinal); num primeiro filme, as falas teriam que ser reduzidas ao máximo; o cinema exige gestos mínimos, silêncios ensurdecedores, pequenos sinais esboçados e sugeridos, e não esse aluvião de discursos de alto conteúdo filosófico (como em *Morangos silvestres* ou *Luz de inverno*, por exemplo, os filmes menos cinema de Ingmar Bergman). Isso não se parece com qualquer busca de um "específico cinematográfico", porque o cinema é, visceralmente e desde o nascimento, uma mistura impura, incapaz de qualquer "especificidade".

Mas não quer dizer, evidentemente, que *Gritos e sussurros* ou *Amour* sejam filmes falhos; ao contrário, são filmes extraordinários, genuínas obras-primas, porém o são, fundamentalmente, por serem comoventes em razão de seus assuntos (a doença, a finitude, o sofrimento, os laços familiares e afetivos) e de sua forma perfeitamente linear (não nos enganemos: os flashes finais tanto de *Gritos...* como de *Amour*, em que vemos Agnes e Anne quando ainda estavam sadias, são perfeitamente lineares dentro do atual desenvolvimento formal do cinema). Eu diria que é precisamente o fato de serem obras-primas comoventes que não nos permite ver o cinema nesses filmes, porque imediatamente o realizador para de experimentar quando consegue transmitir um conteúdo comovente, e o espectador também se conforma com isso e para também de experimentar com a sua sensibilidade receptora. Haneke precisa de longos diálogos entre George, Anne e a filha, de uma câmera estática e conformada; Bergman cria ambientes opressivos num viés de encenação dramática. Significa que seus filmes não desenvolvem o cinema, não lhe permitem se manifestar. Não por serem filmes falhos, mas, paradoxalmente, por serem muito bem-sucedidos em seus próprios projetos pouco exploratórios.

Pela outra ponta, Godard em geral – típico cinema sem filmes – deixa o cinema transparecer diante da absoluta banalidade dos assuntos (*Pierrot le fou*)* ou diante dos assuntos mais importantes contados de maneira errática e sumária (*A chinesa*, *Le gai savoir*).* Sim, Marcia, só eu falo em cinema, mas muitos cineastas (além de Godard, Tati, Resnais, Gus Van Sant, Jim Jarmusch, David Lynch, Antonioni, Tarkóvski, Jia Zangke, Sokurov) fazem cinema sem falar dele, constroem filmes mínimos, quase inexistentes (nesse sentido *8½*, de Fellini, é a exposição em imagens do filme que, de tão mínimo, tende a não existir).

O PF seria, precisamente, o filme que não tenta comover ou narrar ou denunciar da maneira maximalista tradicional, mas apresentar expansivamente um tema qualquer que explore o contraponto ainda inexplorado entre som e silêncio, que tire faíscas

---

* Em português, respectivamente: *O demônio das onze horas* e *A gaia ciência*.

de um mecanismo predicativo que ainda não mostrou nem a metade das suas potencialidades.

Falemos, pois, *de filmes*, mas proponho fazê-lo de uma maneira terrivelmente antipática: provemos a cada passo que o filme escolhido tampouco é o PF, o primeiro filme, que também ele peca por ser demasiado filme e tão pouco cinema. Você sugere na sua carta que poderíamos dizer da literatura o mesmo que digo do cinema, mas eu discordo em favor da literatura; eu creio que o PL (primeiro livro) já foi escrito milhares de vezes e que já existe o PLt (o primeiro leitor); o mecanismo predicativo da literatura foi realmente explorado em suas potencialidades – de Sófocles a Joyce; o processo do cinema é completamente *sui generis*, tanto pelo trauma do mudo e pelas suas origens duvidosas, como pelo fenômeno da massificação, a questão tecnológica e as agruras de sua acidentada história; creio que as situações da literatura e do cinema são totalmente diferentes (e vamos falar disso na coletânea do Ricardo Timm, espero). Você pergunta: "Se um PF ainda não foi feito, de que 'filmes' estamos falando mesmo?". Bom, estamos sempre a falar em filmes que, no melhor dos casos, são muito bons, são inclusive obras-primas, mas continuam beirando as possibilidades abstratas de um mecanismo predicativo cujos paradoxos e contrapontos ainda pedem que sejam explorados e que diversos obstáculos – a alta tecnologia, em filmes "cinemão", as teses filosóficas em cinemas arte – impedem graciosamente.

Tome *Alien*, por exemplo, um de seus favoritos: esse filme, estruturalmente visto, navega entre *Film socialisme* ou *Os anões também começaram pequenos*, por um lado, e *Gritos e sussurros* ou *Amour*, por outro. *Alien* é quase um PF: primazia total de imagens sobre falas – sim, especialmente os primeiros 45 minutos –, expansão narrativa mínima, personagens sem psicologia profunda, impacto emocional muito elaborado, minimalismo de ações (o alienígena é mais sugerido do que visto); deixando de lado sua feitura nada artesanal – impossível concebê-lo sem sua altíssima tecnologia –, apenas a excessiva música "de fundo", inútil reforço de imagens perfeitamente autossuficientes, o impede de ser formalmente o primeiro filme. Imagine um *Alien* sem música e com drástica redução de seus diálogos, apenas com seus barulhos naturais, e ele assomará sem enigmas ao que poderia ser um PF. E você verá como os filmes de Bergman e Haneke estão a anos-luz desse empreendimento.

Tenho uma lista imensa de filmes para comentar dessa perspectiva; aguarde.

Abraços perto do fim,
Julio Cabrera

São Paulo, 20 de maio de *2001: uma odisseia no espaço.*

Fiquei terrivelmente curiosa para ler seus comentários sobre esses "filmes" quase PFs. Aliás, sua exposição foi perfeita, e retomei meu entendimento, voltando ao que você já mencionou muitas vezes: o que se possa pensar ou falar do cinema tem que levar em conta o fato de que se trata de um mecanismo predicativo. Resumindo, uma forma específica de linguagem. Realmente isso muda tudo, pois se trata de uma potencialidade de fato inexplorada nesse pacto – muitas vezes moralista – com a narrativa (ou com a comunicação) a que o senso comum reduz a linguagem. Mas a literatura também é um mecanismo predicativo, ainda que esteja envolvida com silêncio e "grafia". Ainda que a maior parte dos geniais romances escritos na forma de livros também não deem conta das possibilidades da "literatura". Mas deixemos isso para um

Diálogo/literatura. Quem sabe um dia ele venha a ser escrito. Que "a alta tecnologia, em filmes 'cinemão', as teses filosóficas em cinemas arte" sejam empecilho para a realização do PF, isso me deixa ainda mais curiosa. Acho que entendo o que você quer dizer, mas aqui já estou curiosa é sobre o seu "gosto" mundano. O que será que Cabrera considera um filme finalmente realizado ou próximo da realização?

Continuo sem ir ao cinema e peço a quem ligar música perto de mim, seja a família, seja o motorista do táxi, que a desligue ou ouça sozinho com fones de ouvido. Minha predileção pelo silêncio seria melancólica se não fosse um efeito do alto respeito que tenho por meus ouvidos. Assim, com o cinema, pelos meus olhos. Por isso, a questão do gosto que se tornou tão simples ainda tem certo sentido.

Digo isso, apenas para poder dizer que o filme de que mais gosto é aquele do Andy Wahrol chamado *Empire,* justamente porque nele nada se move. Ali, como em uma pintura descolorida, tudo é muito quieto. Acho que é por isso que prefiro pinturas e livros, porque nos deixam ficar quietos. Dão tempo à contemplação, que é irmã do silêncio. Eu imagino que isso não importe muito a você, em seu interesse pelo cinema, pois sua questão diz muito mais respeito ao caráter lógico, analítico e epistemológico dessa linguagem. Eu tenho um interesse mais estético e político que desemboca na linguagem, mas acho a questão da linguagem muito vazia sem levar em conta os antecedentes ou componentes estéticos e políticos. Acho a lógica muito chata, muito "mais do mesmo", embora seja divertida quando não estamos dentro do mundo ou, mesmo dentro do mundo, quando isso de estar no mundo parece algo menos importante. (E acho chatíssimo quando certos filósofos analíticos se dão o trabalho de estudar obras de arte, porque só o que eles conseguem é tornar tudo muito morto e um tipo de coisa morta da qual a gente pode rir. Refiro-me a análises de Warhol e mesmo de Woolf que vejo em certos nomes grandes do mundo analítico. Enfim, mas é isso que me faz pensar, analogamente, que filmes analisados demais ficam pra lá de chatos e, por isso, também é que podemos sempre voltar ao cinema e, assim, escapar dos filmes.)

Deixe-me arriscar então. Vou até a minha modesta filmoteca escolher um filme por acaso. Vou vê-lo e logo depois venho aqui tirar a limpo com você se ele é mesmo um filme ou se ele é cinema.

(pausa)

Assisti a duas coisas: *Dos canibais*, do nosso amigo Léo Pimentel. Mas assisti levando em conta a lógica do filme, ou seja, de modo canibal, a saber, assisti apenas a algumas partes. Fiquei pensando se isso é um jeito "justo" (belo e verdadeiro) de ver um filme. Preocupa-me se Léo ficará de mal comigo e, por isso, verei o filme de novo, segundo a proposição de Léo. Creio, no entanto, que é um modo justo, para além do bem e do mal, como se pode fazer com *Rayuela*, de Cortazar, ou *A vida, modos de usar*, de Perec. Meu olhar é, ele mesmo, cinematográfico, precisa ser autônomo e, nesse sentido, também saqueia e rouba o que vê, pega e larga, deixa-se seduzir e foge.

Bom, mas a outra coisa que vi foi *Teorema*, de Pasolini, porque estava ao lado do filme do Léo na estante.

De *Dos canibais* guardei aquelas cenas da entrada: a paisagem florestal que nos guia ao cemitério de carros. Gosto das palavras em tupi (são em tupi? Sou muito ignorante, como a nação toda: não sei tupi-guarani...) aparecendo na cena e as frases poéticas e sem explicação que vão dando o tom desse maravilhoso filme sem roteiro. Roteiros realmente não nos ajudam quando se trata de cinema. São ossos demais para um corpo que ficaria melhor apenas com cartilagens, penas, asas e chifres, garras e dentes e livre de roupas e outros elementos de ajuste ao belo ou ao compreensível. Roteiros são servidão à racionalidade lógica que trata o pensamento segundo um mero esquema de dedução/

indução. Roteiros são ratoeiras. Lembremo-nos da peça de teatro de Hamlet dentro da peça *Hamlet*, de Shakespeare. Pois é, vamos pegar o "rei", que é o espectador... Essa parte é o que eu abomino nas narrativas (do romance à autoajuda): nunca vou querer "pegar" um leitor.

Se fosse cineasta, eu simplesmente faria vídeos sem pés, cabeça ou roteiro. A propósito, tenho a impressão de que o que se chama de "videoarte" é muito mais PF, no sentido do filme essencial que você, como filósofo, procura, do que qualquer filme que há por aí. Claro que podemos encontrar socialmente um elogio da obra de "videoarte" quando ela é cheia de "roteiro", muito mais do que de cinema. Mas, no fundo, me parece que o que você chama de cinema é, na verdade, muito mais o que vemos por aí como "vídeo". Penso em Bill Viola. Você conhece um vídeo dele chamado *The reflecting pool* (1977-1979)? Há algo de filme e de cinema naquele vídeo, os efeitos especiais, por exemplo, os personagens... Mas, sobretudo, há esse trabalho predicativo, um trabalho da linguagem, com a forma que deixa os conteúdos num lugar muito diferente. As fantasmagorias, o som... Alguns filósofos deram a ideia de que "forma é conteúdo sedimentado", e eu não diria que em Bill Viola os conteúdos sejam descartados, mas eles são completamente outros relativamente àqueles que recebem um tratamento moralista no âmbito do cinema ou dos filmes.

Há também um vídeo de Bill Viola chamado *Anthem* (que deve ser bem mais recente) e que é uma colagem de imagens muito estranhas entre si: uma menina em pé, árvores, fábricas, caminhões, uma sala de cirurgia onde um coração é operado, um olho também... É verdade que é um tanto nojento. E há um som nada musical e meio sinistro que dá um certo ritmo ao vídeo, mas talvez isso seja um exagero meu, pois o som/uivo/ronco não tem diretamente a ver com as imagens. A título de curiosidade, eu "gosto" mais disso do que de "filmes" e cinema que, a meu ver, sempre caem no "didático" que já existia nas tragédias gregas e que serve para alimentar a velha máquina antropológica de que somos o efeito...

Não é um exagero dizer que a videoarte é mais cinema do que o cinema. Até porque a videoarte trata de modo totalmente diferente o que você chama de "alta tecnologia, em filmes "cinemão" e "as teses filosóficas em cinemas arte". Aí tem apenas "certa" tecnologia e muito mais deboche da tecnologia (veja os vídeos de Nam June Paik) e muito mais abandono das "teses filosóficas" que os críticos ficam buscando para justificarem seu próprio trabalho...

Teorema é um filme em sentido lato, certo? Mas um filme que tem muito mais cinema e, nesse sentido, mesmo sem uso técnico de vídeo, tem muito mais videoarte do que cinema e muito mais cinema do que filme.

Se der tempo, falarei dele na próxima carta. Mas espero ansiosamente a sua lista antipática de PFs...

Brasília, 25 de maio de 2013.

Marcia,

Para os nossos hipotéticos leitores não ficarem demasiado perplexos, temos que dizer que toda essa ficção do "primeiro filme" que ainda estaria por ser realizado não é brincadeira, mas um experimento mental que deveria servir para responder de maneira nem óbvia nem concessiva – tipo coleção Primeiros Passos – à pergunta "O que é cinema?". Começo respondendo à tua interessante questão acerca do meu "gosto" mundano (eu diria extramundano): o que seria para mim um filme finalmente realizado? A minha resposta pode ser surpreendente, mas é coerente com o que estivemos falando: dado que os atrativos narrativos, as teses filosóficas profundas e os incríveis jogos tecnológicos são o que torna um filme agradável ou admirável, o primeiro filme poderá ser algo decididamente feio e cacofônico, talvez muito longe de ser obra-prima, poderá nem mesmo ser um "bom filme" (e ser muito "chato", para usar uma das tuas categorias favoritas).

No Fifi em Brasília, faz duas semanas, apresentei algumas dicas para realizar o primeiro filme e que posso resumir aqui: *silêncio estrondoso*; sim, o primeiro filme tem que conseguir realizar um contraponto ao mesmo tempo rigoroso e fluido entre som e silêncio; não pode ser um filme mudo, não pode ser falado, mas contrapontístico; tenderá a ser mudo e a utilizar o som de maneira estritamente funcional, sem "música de fundo", só com sons ambientais e falas não dialogais, mas sonoras; falas, músicas e sons fazem parte do quadro tal como móveis, atores e luzes (esse é o motivo pelo qual *Titanic* e *Sonata de outono*, de Bergman, não são primeiros filmes). Ele tem que *expandir sentidos*, não ser composto apenas de imagens, golpes visuais, cifras, linhas, círculos ou figuras; não pode ser pintura cinética; a narrativa foi apenas uma forma entre outras de expandir sentidos, mas sentidos têm que ser expandidos, mesmo sem narração; fugir da imagem surrealista, aleatória, arbitrária; tem que haver um fio, mesmo que não argumental, um tema (quase em sentido musical!), uma pauta, até mesmo uma história, mas repensada fora do contexto tradicional, linear, anedótico, moralista, de uma maneira que dificilmente possa ser sintetizada em palavras. Nem experimentalismo vazio nem narratividade cheia (é por isso que *Empire*, e em geral as obras de Andy Warhol, não são primeiros filmes).

Você diz que seu interesse pelo cinema é mais estético e político enquanto o meu seria mais lógico e epistemológico, mas não é bem assim: o primeiro filme – e a minha visão do cinema em geral – está extremamente envolvido com o estético e o político, tanto que outra das características do primeiro filme é a politização da forma; não se trata apenas de experimentar formas, nem de contar histórias, mas de denunciar, impugnar, desestruturar, apontar injustiças, mesmo na mais banal das expansões, numa política das formas (e, portanto, estético!). A forma não pode ser tranquila ou conciliadora, mas sempre *insurgente*, dentro de uma estética cacofônica (esse é o motivo pelo qual *Os companheiros*, de Mario Monicelli, não é um primeiro filme). Mas o primeiro filme tem que ter protagonistas, sejam individuais (Griffith), sejam coletivos (Eisenstein); deve haver *desempenhos*, não apenas figuras simbólicas ou poéticas; personagens, não apenas silhuetas suscitadoras de associações (é por isso que *Koyaanisqatsi*, de Godfrey Reggio, não é um primeiro filme). Ele deve mover *afetos*, um impacto logopático; comover, fazer tremer; pela força das imagens e desempenhos, não pelos efeitos externos, musicais ou outros. Nada de imagens frias e desumanas, nada de distanciamento (não creio que exista um único filme no mundo que deixe de ser um PF por esse motivo).

No Fifi falei também, com agrado, de certa *anarquia técnica*. Tecnicamente, o primeiro filme experimenta todo tipo de conexões de imagens, tanto as fluidas (filmagem) quanto os cortes (montagem); não tem por que se acentuar o montagismo de corte ou a continuidade de planos; vale tudo para expandir significações (é por isso que *Outubro*, de Eisenstein, e *A felicidade não se compra*, de Frank Capra, não são primeiros filmes). No momento mais arbitrário e frívolo da proposta, eu disse que os PFs poderiam ser comédias, mas que a comédia, já desde o mudo, sempre respondeu mais facilmente ao desafio cinético e visual; interessante seria que o primeiro filme fosse um drama; pôr o estremecimento na temporalidade do riso (é por isso que *Meu tio*, de Jacques Tati, não é, apesar de sua genialidade visual, um primeiro filme. É demasiado engraçado).

O problema com os filmes em geral é que eles são feitos para uma audiência que tem que gostar deles; outra característica de um PF é que ele desenvolva as potencialidades contrapontísticas, expansivas, políticas e logopáticas do cinema, mesmo que isso desagrade, não interesse, confunda, indigne ou entedie; os primeiros filmes são feitos para *audiências difusas*, ao mesmo tempo seletas e variadas (podem ser compostas de intelectuais e de lixeiros). Os espectadores do PF devem ser ainda construídos com o filme, o PE, o primeiro espectador (é por isso que todo o cinema de Hollywood, o cinema de divertimento pasteurizado, jamais fará um primeiro filme). E eles deveriam ser feitos em computador, de forma totalmente gratuita ou muito barata, de maneira amadora e artesanal, sem ter que montar uma assustadora equipe de técnicos, de uma maneira bem autoral; com o computador como caneta (é por isso que o maravilhoso *Alien*, de Ridley Scott, não pode ser um primeiro filme: impossível fazê-lo num fundo de quintal).

Os filminhos de Andy Warhol são interessantes no contraponto som-silêncio, porém decididamente não são expansivos, mas pontuais e martelantes; são muito politizados na forma, não há desempenhos nem afetos não automáticos (é claro que mesmo um vaso de flores pode despertar sentimentos); são tecnicamente anárquicos, nada dramáticos, muito artesanais e dispensam a audiência; Warhol se aproxima muito de um PF, mas seu gravíssimo problema é o mesmo de quase todos os seus outros exemplos (*Dos canibais*, do Léo Pimentel, Bill Viola,

Nam June Paik, e eu acrescentaria as vanguardas em geral, desde Germaine Dulac a Jonas Mekas): a falta de expansividade de sentidos, a tendência a constituir conjuntos de imagens que o espectador pode embaralhar à vontade; o primeiro filme teria que ser mais prosaico, mais predicativo (afirmar algo sobre algo, não meramente mostrar, mostrar, mostrar); ser mais autoritário; guiar olhares. Nesse sentido, creio que o primeiro filme não poderia ser algo "sem pés, cabeça ou roteiro"; ao contrário, ele deveria ter um roteiro muito firme, sem nada de errático ou de nômade; ele expandiria sentidos numa direção bem determinada; toda a sua espantosa abertura já viria determinada, paradoxalmente, por uma forma demasiado articulada.

Certamente, *Teorema* não poderia jamais ser um primeiro filme (deixando de lado o fato de ser um dos poucos filmes de Pasolini de que eu realmente gosto). O que o destrói por dentro como ácido são aqueles quatro depoimentos estáticos e literários dos personagens, logo após o anúncio da partida do estranho (Terence Stamp), em que eles recitam seus dramas de identidade e alienação pequeno-burgueses diante de uma câmera morta; o espectador fica sabendo desses dramas não porque os tenha visto, mas pelas informações dessas falas, que não mantêm nenhum contraponto entre imagem e som. Nem *Empire* nem *Teorema* seriam primeiros filmes, mas por razões opostas: o primeiro tem silêncio estrondoso sem expansividade; o segundo, expansividade sem contraponto silêncio-som.

Acabou o papel, mas, na correria, te aponto alguns filmes que têm tudo para serem primeiros filmes: por um lado, *Gerry* (2002), de Gus Can Sant, *Dillinger está morto* (1969), de Marco Ferreri, *Playtime* (1967), de Jacques Tati, e *Sombras* (1959), de John Cassavetes (e quase toda a sua obra). Por outro, Woody Allen, Eric Rohmer e Ingmar Bergman dificilmente poderiam fazer um primeiro filme. Isso me cria problemas tiburianos porque são três diretores que simplesmente adoro.

Estou curioso por ver sua reação a toda essa loucura, restos erráticos do Fifi de Brasília.

Beijos sem roteiro,
Julio Cabrera

São Paulo, 27 de maio de 2013.

Perto do fim, tivemos que acelerar para chegar a tempo (aonde mesmo?). Se bem me lembro, você só tem direito a mais uma última carta (cartada?) neste nosso diálogo/jogo de linguagem. Sou eu quem vai terminar o diálogo, considerando que você o começou (começou?). A última palavra é algo que sempre me dá medo, mas sempre podemos fazer um uso perverso dela, o de dono da verdade, com que os filósofos lá na Grécia antiga tentavam combater sofisticamente os sofistas. Estou brincando, não teria como nem por que encurralá-lo no fim com minhas perguntinhas.

Só tem uma coisa (coisinha) que ainda fico querendo perguntar sobre a sua brilhante teoria do PF: você tem com ela alguma pretensão de universalidade? Ela serviria para alguma coisa considerando-se que a arte se diz e se faz de muitos modos e o essencialismo do filme (ou da pintura ou da música) não nos levará a nenhum lugar? Ou é uma teoria que pode ser assumida como particular no sentido de estar valendo apenas parcialmente, do tipo "para Cabrera"? Deixe-me explicar, pois isso pode parecer estranho, afinal qualquer formulação é sempre "para fulano" com quem podemos ou não concordar. Mas o que eu quero dizer é que a sua teoria sobre o PF me parece muito fechada, como o contrário de uma obra aberta em que o artista faz simplesmente o que quiser. Reconheço que com ela você consegue salvar toda a livre e aberta iniciativa de quem quiser usar os recursos menos técnicos para fazer seu filme, estando por isso na contramão de toda a indústria do cinema. Gosto muito da ideia de "audiência difusa" e gosto também do "silêncio estrondoso", mas fico em dúvida sobre se algo como "sem comédia" combina com algo como roteiro e afetos tão arrumadinhos. Algumas teses me parecem poder entrar em atrito e em contradição, mas isso por enquanto é só uma impressão. E quero deixá-las no nível da mera desconfiança porque gosto muito delas e não pretenderia derrubá-las com argumentos bobos. Deixo essa tarefa de achar argumentos bons (e não bobos) para o leitor cruel, que certamente teremos.

Penso nisso para ir a outro lugar. Vejo que a estético-política do seu filme estaria construída em muitos aspectos, mas, sobretudo, no caráter "logopático" da sintaxe cinematográfica que permitiria que o filme fosse um artefato que dissesse alguma coisa a alguém. Ou seja, mais do que um elemento expressivo, você gostaria que o PF tivesse um elemento comunicativo ou compreensivo bem básico. Talvez por isso *Empire* seja tão nada a ver. Daí que, por exemplo, você fale em "expansividade" e sugira algo "simples". Nesse momento, vejo a justaposição da filosofia com o cinema, um sendo o outro, porque também os argumentos filosóficos, por mais que sejam complicados, significam algo e, nesse sentido, podem ser compreendidos. Posso estar perguntando besteira, mas entendi as coisas também por aí.

Bom, gostei do que você disse sobre Pasolini. Eu gosto muito de Pasolini. Não o "eu gosto" porque concorde ou ache muito bom no sentido dos julgamentos de valor estético. A separação ou hierarquização entre alto e baixo (no nível da cultura) é algo muito ruim mesmo. Por isso, quando digo gosto, quero usar "gosto" em caixa baixa. Falo de um cineasta cujo conjunto de filmes me estarrece. E, quando me estarreço, fico feliz (eu sou da época do *thaumázein*). Pasolini é um diretor submundano, um diretor de certo modo de bem com o inconsciente e com sua dimensão escatológica. E isso é algo muito simpático quando penso que o cinema detesta a escatologia porque fez um acordo prévio com o bom gosto. Comer, por exemplo, é algo raro nos filmes e isso porque foi lançado para o território dos tabus.

Concordo acerca das cenas que, segundo você, estragam *Teorema*, mas, ao mesmo tempo, elas são ótimas, porque penso que um filme bom é, num certo aspecto, um "filme qualquer". Poderia ser qualquer filme, mas um filme *qualunque* me parece algo desejável para um filme. Penso que essa categoria ajuda a resumir as suas *nove* dicas-teses. Um filme que se faz uma coisa qualquer, que se "qualquerifica". Um filme que é "menos" no sentido de não ter pacto com nenhum bom gosto, nem com o mau gosto, mas por isso mesmo não se pode evitá-lo pura e simplesmente. Aliás, o que me complica nas suas *nove* dicas-teses é que há muita coisa a ser evitada ao se fazer um PF, e isso me soa como "poda". Você vai dizer que isso é impossível porque qualquer filme obedece a circunstâncias históricas e sociais e portanto já nasce "podado"; do mesmo modo, o conceito de filme implica o limite do filme como forma, logo, eu estaria dizendo uma besteira tremenda. Mas deixe-me explicar: o elemento burguês em Pasolini foi, de fato, uma espécie de capitulação didática... O que eu quero dizer é que o PF (ainda que a teoria cabreriana seja uma ficção científica no sentido da verdade a ser alcançada na forma de um filme) nunca foi realizado porque ele seria justamente um filme qualquer. Ele deve existir perdido por aí. É essa a impressão que me dão os poucos filmes de Cassavetes que vi, a de serem filmes muito fáceis de deixar de ver, porque são filmes muito próximos do que se expressa por meio da gíria "qualquer nota".

De fato, os de Cassavetes parecem um filme qualquer, um filme de estudante, um filme de não especialista que, no entanto, é um especialista. Perfeitos porque imperfeitos. E a imperfeição não vem de um descaso ou de uma falta de pensamento, de roteiro ou de cuidado, mas de um estranho "deixar-ser". Assim com o pavoroso e angustiante *Gerry* ou o esquisito *Dillinger está morto* e os outros também esquisitos que você citou.

Não vou dizer mais muita coisa, afinal, é sua última carta (assim como um PF é impossível, seria possível, ao contrário, uma UC, última carta?), e o direito de escrever com uma caneta viva é todo seu.

Digo isso a propósito de você ter usado uma expressão no meio da sua conversa: "câmera morta". Gostei dela, acho que serve para explicar o que queremos com o nosso livro-filme, que, se tudo der certo, logo estará mais vivo ainda, ao ser lido e maltratado por nossos desejáveis leitores cruéis.

Por favor, pronuncie-se "finalmente".

Brasília, 31 de maio de 2013.

A última carta – como o último suspiro – tem que ser aproveitada para tentar "soltar" o cinema (ou a minha concepção dele) de suas aparentes amarras acadêmicas, porque, como ficou, pareceria reduzir-se a uma série de receitas prontas e estáticas, *sem que se veja o conteúdo político da questão*. Minhas indicações – demasiado erráticas para serem regras: você mesma já notou que algumas delas podem até ser contraditórias; gostaria que fossem – sobre cinema como primeiro filme tem sentido semelhante ao "Manifesto da poesia pau-brasil", do Oswald. Também a ele se poderia dirigir essa preocupação pela "universalidade", se poderia perguntar a ele se esse manifesto seria só "para Oswald" (assim como o primeiro filme seria só "para Cabrera"). E quando brinco sobre o PF não poder ser uma comédia – uma proposta tão arbitrária que é impossível lê-la num registro que não seja político, epistemologicamente seria insustentável –, Oswald escreve: "A reação contra um assunto invasor, diverso da finalidade. A peça de tese era um arranjo monstruoso. O romance de ideias, uma mistura. O quadro histórico, uma aberração", ou seja, uma série de afirmações dogmáticas e sem justificativa que seria impossível não ler performaticamente como proposta política.

O cinema teria que se insurgir contra as "histórias do cinema" dos intelectuais e contra o "cinemão" manipulador – a que chamo, o mais ofensivamente possível, a estética pipoca, o agrado de fim de tarde. Pois são os filmes superintelectualizados, tanto quando a Disneyland, que estão impedindo há décadas que o cinema se manifeste em toda a sua indecente riqueza expressiva. Então, Marcia, se as minhas indicações parecem constritivas, isso será precisamente – como eu o vejo – uma ressonância do nosso olhar adestrado; se o cinema que temos está bem, com toda a sua maravilhosa "liberdade", as minhas indicações vão soar como imposições arbitrárias. No meio da selva da vida (e da produção compulsiva de filmes), o oásis do cinema deverá ser tão utópico como a poesia pau--brasil do Oswald, da qual me sinto muito perto.

Assim, pensar o cinema por meio de sua perda, de sua falta, de sua carência industrialmente produzida – incluindo-se aqui a indústria cultural filosófica como ela foi colocada há muito em nosso epistolário, e que leva a considerar especialmente "filosóficos" certos "filmes de arte", não menos consumísticos – não é uma teoria "brilhante", mas um incômodo político que tenta mostrar o cinema como algo que deve ser "desenterrado" por meio de uma árdua escavação; somos arqueólogos de imagens; de vez em quando achamos um osso do que poderia ter sido.

Porque pareceria que minhas indicações tolhem as múltiplas maneiras de fazer cinema, e que o bom seria deixar as pessoas soltas para fazerem cinema da maneira que bem entenderem, obra aberta! Bom, é isso o que já acontece; é fácil hoje fazer filmes, inclusive em fundos de quintal; aqueles que conseguem comprar uma câmera – algo também muito fácil hoje, o que é ótimo para o primitivismo artesanal do PF – farão todo tipo de coisa com ela: filmar o último aniversário da vovó, os primeiros passos de um filho, o quinto ato de *Hamlet* ou deixar a máquina funcionando (como Andy Warhol, sem seu sucesso). Também na época de Oswald se fazia poesia de múltiplas maneiras, mas talvez a multiplicidade seja boa para as pessoas e péssima para a poesia e o cinema. Se apenas queremos ser felizes, as coisas estão bem como estão.

O estarrecimento e o assombro, esses que Pasolini te desperta, são qualidades às quais o cinema – como primeiro filme – não gostaria de renunciar de modo algum, mas sem abrir mão do seu projeto político; é por isso que, por exemplo, *A última ceia*, de Peter Greenaway, se aproxima enormemente mais do que seria o cinema do que um filme de Pasolini, apesar de os silêncios estrondosos de *Medea* e *Édipo rei* serem muito arrebatadores. De fato, Greenaway anda proclamando a plenos pulmões que o cinema morreu e que é bom que tenha morrido, porque coisas muito melhores estão por vir; eu estou um pouco nessa linha. O cinema merece coisas melhores, que, creio eu, serão obtidas com o rigor, não com a multiplicidade generosa da "obra aberta". Sim, Marcia, há um processo de "poda". E daí? Na ética, na política e na estética temos que podar nossa avassaladora compulsão de simplesmente "nos exprimir" custe o que custar, mesmo que os outros – e o cinema – sejam atropelados (o próprio diretor inglês reagiu certa vez em que um jornalista sugeriu que seu cinema seria "surrealista"; ele disse que não gostava de sucessões caóticas de imagens, que seus filmes eram muito racionais).

O fato de eu estar escrevendo minha sentença de morte – aquela carta que Yves Montand escreve em seu cativeiro no filme *Estado de sítio* – me fez mergulhar novamente na teoria esquecendo os filmes. Não queria desaparecer sem antes mencionar outros que me parecem memoráveis e promissores, esvaziados, minimalistas, pouco ansiosos, não empolgantes, mas sempre intensos, gritando desde o silêncio, incomodando audiências bocejantes: *Verão na cidade* (Wim Wenders), *Em busca da vida* (Jia Zangke), *A aventura* (Antonioni), *Trafic** (Jacques Tati), *Limite* (Mário Peixoto), *O poder dos sentimentos* (Alexander Kluge), *L'Atalante* (Jean Vigo), *A conversação* (Francis Ford Coppola), *Noite vazia* (Walter Hugo Khouri), *O espelho* (Tarkóvski), *Estranhos no paraíso* (Jim Jarmusch), *Pierrot le fou** (Godard), *A última gargalhada* (Murnau). Acenos de cinema podem aparecer de maneira insuspeitada em filmes como *Linha de passe* (Walter Salles) e mesmo em filmes oscarizados (a hora inteira – hora de relógio – de Pi com seu tigre de des-estimação no meio do mar em *As aventuras de Pi* [Ang Lee], um inesperado vazio oriental no meio de Hollywood). Mas é preciso estar atento: uma piscada de olhos, um bocejo furtivo, e o cinema já passou.

Este diálogo-rio, bastante curvilíneo, não tem primeira ou última palavra; o leitor atento (eu não gosto de leitores cruéis, gostaria que nosso livro

---

* Em português, respectivamente: *As aventuras de M. Hulot no tráfego louco* e *O demônio das onze horas*.

tivesse leitores ruminantes, aqueles desejados por Nietzsche) sempre poderá "se remeter" (palavra epistolária) a cartas anteriores buscando respostas renovadas ao que as seguintes apresentaram; não conseguiremos pôr um ponto final nessa discussão pelos mesmos motivos pelos quais fui incapaz de começá-la, lá por outubro de 2011. O que nunca começa não pode ter fim.

Como te falei em conversa particular, apenas temo que a graça do teu estilo e a abertura das tuas visões me deixem na postura do frio lógico (argentino, para pior) tentando sistematizar e congelar a esfuziante vida do cinema. Sinto-me como o doutor Ash de *Alien*. Quem sabe, Marcia, se nesta última carta você não descobre que Julio Cabrera, durante toda essa viagem espacial, era, na verdade, um robô. Bem que você suspeitava!

Abraços provisórios,
Julio

São Paulo, 3 de junho de 2013.

Estamos rápidos como dois robôs. E nosso lado robô tem preocupações narcísicas. Eu, do meu lado, não gosto quando me acham algo como "fofa" ou linda ou bonita (por sorte, estou envelhecendo e cada vez mais livre desse tipo de opressão). Fofa é a versão mole de um robô na forma de boneca. Isso me faz me lembrar de um filme chamado *The devil-doll*,* de Tod Browning (1936), diretor que eu adoro. Bonecas, fórmulas diabólicas, pessoas paranoicas e efeitos especiais primitivos. Receita de bom cinema – e não estou sendo apenas irônica. Ontem, permita-me a digressão, assisti a *Il gattopardo*, de Visconti (1963), pela quarta ou quinta vez. Quem tem tempo para ver um filme de três horas hoje em dia? O filme é lento como ele só.

---

* Em português: *A boneca do diabo*.

De uma inatividade que me agrada muito. Mas sei que é entediante para a sensibilidade de nossa época. E não estou contando isso para avaliar o tempo (se bem que seria oportuno nesse momento final) e sim para dizer que é estarrecedor o desenho que se faz das mulheres no filme. Todas umas bonecas, inclusive a Cardinale é um tipo de boneca, em sua atuação de bela mocinha nova-rica e sedutora. Mas isso é outro problema, relativo ao "conteúdo" – talvez você dissesse se ainda tivéssemos tempo –, e garanto que é muito mais relativo à forma do cinema, ao problema da linguagem, da forma predicativa que usa clichês e tem como pano de fundo a dura realidade. Que o cinema nos livrasse dessa ideia de realidade até que poderia ser bom, ainda que absurdo que, no entanto, o cinema fosse liberto da realidade seria melhor ainda. Mas deixemos isso para lá, pois já não há mais tempo para comentar os "filmes".

Quero finalizar dizendo que fiquei feliz com suas cartas, em especial com a última. A autoexposição do seu medo sobre o que os outros podem pensar a seu respeito foi graciosa, no melhor sentido. Os "pingos nos is" sobre o "Manifesto do primeiro filme" em seu nexo com o "Manifesto da poesia pau-brasil" deixaram tudo muito claro, embora, para os efeitos desejados por nosso diálogo, não creia que a clareza seja absolutamente necessária senão como um complemento da sombra. Na sombra é que mora a imaginação do leitor, seja eu, seja você, seja o outro que nos lerá. Certamente, temos clarezas e sombras suficientes para provocar questões em nossos interlocutores possíveis. Uma frase como essa sua é, a meu ver, a quintessência do espírito do que surgiu neste diálogo: "O cinema teria que se insurgir contra as 'histórias do cinema' dos intelectuais e contra o 'cinemão' manipulador – o que chamo, o mais ofensivamente possível, a estética pipoca, o agrado de fim de tarde". Não há mais dúvida de que um cinema para além da adulação atual das massas é possível.

O que você diz sobre cinema relaciona-se a meu ver com as potências ainda não realizadas do cinema. Importante a crítica que você fez sobre a obra aberta como simplesmente aberta, a estética "qualquer nota" que não nos leva a lugar algum, mas, como você diz, "se apenas queremos ser felizes, as coisas estão bem como estão". Como esse não é o nosso caso, nem é o caso de nosso diálogo, vamos assumir a dor de não termos resolvido todas as questões que poderíamos ter resolvido. Este livro ficará como um filme cheio de falhas que serão percebidas por leitores-espectadores de olhar vivo e lúcido. Aos que dormirem lendo, só resta pedir que comecem de novo, pois podem se surpreender.

No entanto, eu mesma não saberia dizer o que faltou em nosso diálogo-rio como você poeticamente o chamou, percebendo que, de certo modo, o que aqui criou forma não tem começo nem fim...

Apesar disso, como nos filmes, aqui vai como uma ilustração de um impossível que nos diz alguma coisa:

FIM

BIBLIOGRAFIA

ADORNO, Theodor. *Teoria estética*. Trad. Artur Morão. Lisboa: Edições 70, 1988.

_____ & HORKHEIMER, Max. "Indústria cultural". Em *Dialética do esclarecimento*. Trad. Guido de Almeida. Rio de Janeiro: Jorge Zahar, 1985.

ANDRADE, Oswald. "Manifesto da poesia pau-brasil". Em TELES, Gilberto Mendonça. *Vanguarda europeia e modernismo brasileiro: apresentação e crítica dos principais manifestos vanguardistas*. 3ª ed. Petrópolis/Brasília: Vozes/INL, 1976. Comentário e hipertextos: Raquel R. Souza (FURG). Disponível em http://www.ufrgs.br/cdrom/oandrade/oandrade.pdf.

BENJAMIN, Walter. "Onirokitsch". Em *Onirokitsch. Walter Benjamin y el surrealismo*. Buenos Aires: Manantial, 1998.

_____. "A obra de arte na era de sua reprodutibilidade técnica". Em *Obras escolhidas. Magia e técnica, arte e política*. 4ª ed. Vol. 1. São Paulo: Brasiliense, 1985.

BORGES, Jorge Luis. "Pierre Menard, autor do Quixote". Em *Ficciones*. Buenos Aires: Emecé, 1974.

CABRERA, Julio. *O cinema pensa. Uma introdução à filosofia através dos filmes*. Trad. Ryta Vinagre. Rio de Janeiro: Rocco, 2006.

_____. *De Hitchcock a Greenaway pela história da filosofia (novas reflexões sobre cinema e filosofia)*. São Paulo: Nankin, 2007.

_____. *Diário de um filósofo no Brasil*. 2ª ed. Ijuí: Unijuí, 2013.

_____. *El lógico y la bestia. Logograma em seis etapas. Diversion para filosofos*. Córdoba: Alción, 1995.

_____ & LENHARO DI SANTIS, Thiago. *Porque te amo não nascerás! Nascituri te salutanti*. Brasília: LGE, 2009.

COCCIA, Emanuele. *A vida sensível*. Trad. Diego Cervelin. Florianópolis: Cultura e Barbárie, 2010.

FEYERABEND, Paul. "De como la filosofía echa a perder el pensamiento y el cine lo estimula". Em *¿Por qué no Platón?* Madri: Técnos, 1985.

FREUD, Sigmund. "O inquietante". Em *História de uma neurose infantil: além do princípio do prazer e outros textos (1917-1920)*. Trad. Paulo César de Souza. São Paulo: Cia. das Letras, 2010.

_____. *Delírios e sonhos na Gradiva de Jensen*. Rio de Janeiro: Imago, 1997.

JENSEN, Wilhelm. *Gradiva, uma fantasia pompeiana*. Trad. Ângelo Melim. Rio de Janeiro: Jorge Zahar Editor, 1987.

KAFKA, Franz. *Na colônia penal*. Trad. Modesto Carone. 3ª ed. São Paulo: Brasiliense, 2007.

LAMPEDUSA, Tomasi di. *O gattopardo*. Trad. Marina Colasanti. Rio de Janeiro: Bestbolso, 2007.

MACHADO, Arlindo. *O sujeito na tela: modos de enunciação no cinema e no ciberespaço*. São Paulo: Paulus, 2007.

PLATÃO. *Obras completas. El banquete o del amor*. Madri: Aguilar, 1993.

TIBURI, Marcia. *Filosofia cinza. A melancolia e o corpo nas dobras da escrita*. Porto Alegre: Escritos, 2004.

_____. *Olho de vidro. A televisão e o estado de exceção da imagem*. Rio de Janeiro: Record, 2011.

_____ & CHUÍ, Fernando. *Diálogo/desenho*. São Paulo: Editora Senac São Paulo, 2012.

_____ & ROCHA, Thereza. *Diálogo/dança*. São Paulo: Editora Senac São Paulo, 2012.

Filmes citados

2001: uma odisseia no espaço [2001: a space odyssey]. Stanley Kubrick, Estados Unidos/Reino Unido, 1968.

8½. Federico Fellini, Itália/França, 1963.

Acossado [À bout de souffle]. Jean-Luc Godard, França, 1960.

Adivinhe quem vem para jantar [Guess who's coming to dinner]. Stanley Kramer, Estados Unidos, 1967.

Alice ou la dernière fugue. Claude Chabrol, França, 1977.

Alien, o oitavo passageiro [Alien]. Ridley Scott, Estados Unidos/Reino Unido, 1979.

Amor [Amour]. Michael Haneke, Alemanha, 2012.

Anões também começaram pequenos, Os [Auch Zwerge haben klein angefangen]. Werner Herzog, Alemanha, 1970.

Anthem. Bill Viola, Estados Unidos, 1983.

Anticristo, O [Antichrist]. Lars von Trier, Dinamarca, 2009.

Aquele que sabe viver [Il sorpasso]. Dino Risi, Itália, 1962.

Arca russa [Russkiy kovcheg]. Aleksandr Sokurov, Rússia/Alemanha/Japão/Canadá/Finlândia/Dinamarca, 2002.

Artista, O [The artist]. Michel Hazanavicius, França/Bélgica/Estados Unidos, 2011.

Árvore da vida, A [The tree of life]. Terrence Malick, Estados Unidos, 2011.

Asas [Wings]. William A. Wellman, Estados Unidos, 1927.

Atalante, O [L'Atalante]. Jean Vigo, França, 1934.

Através das oliveiras [Zire darakhatan zeyton]. Abbas Kiarostami, Irã/França, 1994.

Avatar. James Cameron, Estados Unidos/Reino Unido, 2009.

Aventura, A [L'avventura]. Michelangelo Antonioni, Itália/França,1960.

Aventuras de M. Hulot no tráfego louco, As [Trafic]. Jacques Tati, França, 1971.

Aventuras de Pi, As. Ang Lee, Estados Unidos, 2012.

Baleias de agosto, As [The whales of August]. Lindsay Anderson, Inglaterra,1987.

Biutiful. Alejandro Iñarritu, México/Espanha, 2010.

Blow-up: depois daquele beijo [Blow-up]. Michelangelo Antonioni, Itália/Inglaterra,1966.

Boneca do diabo, A [The devil-doll]. Tod Browning, Estados Unidos, 1936.

Bossa da conquista, A [The knack... and how to get it]. Richard Lester, Inglaterra, 1965.

Caché. Michael Haneke, Alemanha/Áustria/França/Itália/Estados Unidos, 2005.

Chinesa, A [La chinoise]. Jean-Luc Godard, França,1967.

Cidade dos sonhos, A [Mulholland Dr.]. David Lynch, Estados Unidos/França, 2001.

Companheiros, Os [I compagni]. Mario Monicelli, Itália/França/Iugoslávia, 1963.

Conversação, A [The conversation]. Francis Ford Coppola, Estados Unidos, 1974.

Cozinheiro, o ladrão, sua mulher e o amante, O [The cook, the thief, his wife and her lover]. Peter Greenaway, França/Reino Unido, 1989.

Cria cuervos. Carlos Saura, Espanha, 1976.

Dama de Ferro, A [The Iron Lady]. Phyllida Lloyd, França/Reino Unido, 2011.

Dama do lago, A [Lady in the lake]. Robert Montgomery, Estados Unidos, 1947.

Dead man. Jim Jarmusch, Estados Unidos, 1995.

Demônio das onze horas, O [Pierrot le fou]. Jean-Luc Godard, França/Itália, 1965.

Desprezo, O [Le mépris]. Jean-Luc Godard, França/Itália, 1963.

Deus criou a mulher, E [E Dieu crea la femme]. Roger Vadim, França,1956.

Dillinger está morto [Dillinger è morto]. Marco Ferreri, Itália, 1969.

Dogville. Lars von Trier, Dinamarca/Suécia/Noruega/Finlândia/Inglaterra/França/Alemanha/Holanda/Itália, 2003.

Dos canibais. Léo Pimentel, Brasil, 2012.

Édipo rei [Edipo re]. Pier Paolo Pasolini, Itália/Marrocos, 1967.

Elefante [Elephant]. Gus Van Sant, Estados Unidos, 2003.

Em busca da vida [Sanxia haoren]. Jia Zangke, China, 2006.

Empire. Andy Warhol, Estados Unidos, 1964.

Encouraçado Potemkin [Bronenosets Potyomkin]. Sergei Eisenstein, Rússia, 1925.

Era uma vez no Oeste [C'era una volta il west]. Sergio Leone, Itália/Estados Unidos, 1968.

Espelho, O [Erkalo]. Andrei Tarkóvski, Rússia, 1975.

Estado de sítio [État de siège]. Kostantin Costa-Gavras, França/Itália/Alemanha, 1972.

Estranhos no paraíso [Stranger than paradise]. Jim Jarmusch, Estados Unidos/Alemanha, 1984.

Fahrenheit 451. François Truffaut, Inglaterra, 1966.

Fale com ela [Hable com ella]. Pedro Almodóvar, Espanha, 2002.

Felicidade não se compra, A [It's a wonderful life]. Frank Capra, Estados Unidos, 1946.

Festa de Babette, A [Babettes gæstebud]. Gabriel Axel, Dinamarca, 1987.

Film socialisme. Jean-Luc Godard, França/Suíça, 2010.

Film. Alan Schneider, Samuel Beckett, Estados Unidos, 1965.

Fita branca, A [Das weiße Band: Eine Deutsche Kindergeschichte]. Michael Haneke, Alemanha, 2009.

Flores partidas [Broken flowers]. Jim Jarmusch, Estados Unidos/França, 2005.

Fraternidade é vermelha, A [Trois couleurs: rouge]. Krzysztof Kieslowski, França/Polônia/Suíça, 1994.

Gaia ciência, A [Gai savoir, Le]. Jean-Luc Godard, França/Alemanha, 1969.

General, A [The general]. Buster Keaton e Clyde Bruckman, Estados Unidos, 1926.

Gênio indomável, O [Good Will hunting]. Gus Van Sant, Estados Unidos, 1997.

Gerry, Gus Van Sant, Estados Unidos, 2002.

Gritos e sussurros [Viskningar och Rop]. Ingmar Bergman, Suécia, 1972.

Hiroshima, meu amor [Hiroshima, mon amour]. Alain Resnais, França, 1959.

Histoire(s) du cinéma: toutes les histoires. Jean-Luc Godard, França, 1989-1998.

Império dos sonhos [Inland empire]. David Lynch, Estados Unidos/França/Polônia, 2006.

Incompreendidos, Os [Les 400 coups]. François Truffaut, França, 1959.

Inferno no Pacífico [Hell in the Pacific]. John Boorman, Estados Unidos, 1968.

Interiores [Interiors]. Woody Allen, Estados Unidos, 1978.

Intocáveis [Intouchables]. Eric Toledano e Olivier Nakache, França, 2011.

Invenção de Hugo Cabret, A [Hugo]. Martin Scorsese, Estados Unidos, 2011.

Janela indiscreta [Rear window]. Alfred Hitchcock, Estados Unidos, 1954.

Joelho de Claire, O [Le genou de Claire]. Eric Rohmer, França, 1970.

Kapò. Gillo Pontecorvo, Itália/França/Iugoslávia, 1960.

King Kong. Merian Cooper e Ernest Schoedsack, Estados Unidos, 1933.

Koyaanisqatsi: uma vida fora do equilíbrio [Koyaanisqatsi]. Godfrey Reggio, Estados Unidos, 1982.

Labirinto do fauno, O [El laberinto del fauno]. Guillermo del Toro, Espanha/México, 2006.

Leopardo, O [Il gattopardo]. Luchino Visconti, Itália, 1963.

Liberdade é azul, A [Trois couleurs: blue]. Krzysztof Kieslowski, França/Polônia/Suíça, 1993.
Limite. Mário Peixoto, Brasil, 1931.
Limites do controle, Os [The limits of control]. Jim Jarmusch, Estados Unidos/Japão, 2009.
Linha de passe. Walter Salles, Brasil, 2008.
Livro de cabeceira, O [The pillow book]. Peter Greenaway, Inglaterra, 1996.
Luz de inverno [Nattvardsgästerna]. Ingmar Bergman, Suécia, 1963.
Matrix [The matrix]. Lana Wachowski e Andy Wachowski, Estados Unidos/Austrália, 1999.
Medeia, a feiticeira do amor [Medea]. Pier Paolo Pasolini, Itália/França/Alemanha, 1969.
Medianeras: Buenos Aires da era do amor virtual [Medianeras]. Gustavo Taretto, Argentina/Espanha/Alemanha, 2011.
Melancolia [Melancholia]. Lars von Trier, Dinamarca/Suécia/França/Alemanha, 2011.
Meu tio [Mon oncle]. Jacques Tati, França/Itália, 1958.
Minha noite com ela [Ma nuit chez Maud]. Eric Rohmer, França, 1969.
Moloch [Молок]. Aleksandr Sokurov, Rússia/Alemanha/Japão/Itália/França, 1999.
Morangos silvestres [Smultronstället]. Ingmar Bergman, Suécia, 1957.
Nascimento de uma nação, O [The birth of a nation]. D. W. Griffith, Estados Unidos, 1915.
Noite vazia. Walter Hugo Khouri, Brasil, 1964.
No limiar da liberdade, No [Figures in a landscape]. Joseph Losey, Inglaterra, 1970.
Outubro [Oktyabr]. Sergei Eisenstein, Rússia, 1928.
Paranoid Park. Gus Van Sant, Estados Unidos/França, 2007.
Paris, Texas. Wim Wenders, Alemanha/França/Reino Unido/Estados Unidos, 1984.
Pele que habito, A [La piel que habito]. Pedro Almodóvar, Espanha, 2011.
Persona. Ingmar Bergman, Suécia, 1966.

Playtime: tempo de diversão [Playtime]. Jacques Tati, França, 1967.
Poder dos sentimentos, O [Die Macht der Gefühle]. Alexander Kluge, Alemanha, 1983.
Poderoso chefão, O [The godfather]. Francis Ford Coppola, Estados Unidos, 1972.
Poesia [Shi]. Lee Chang-dong, Coreia do Sul, 2010.
Pontes de Madison, As [The bridges of Madison County]. Clint Eastwood, Estados Unidos, 1995.
Prazeres desconhecidos [Ren Xiao Yao]. Jia Zangke, China, 2002.
Professora de piano, A [La pianiste]. Michael Haneke, Alemanha/Áustria/França, 2001.
Psicose [Psycho]. Gus Van Sant, Estados Unidos, 1998.
Psicose [Psycho]. Alfred Hitchcock, Estados Unidos, 1960.
Rebecca. Alfred Hitchcock, Estados Unidos, 1940.
Reflecting pool, The. Bill Viola, Estados Unidos, 1979.
Reverso da fortuna, O [Reversal of fortune]. Barbet Schroeder, Estados Unidos/Japão/Reino Unido, 1990.
Screen tests. Andy Warhol, 1964-1966.
Setembro [September]. Woody Allen, 1987.
Sétimo selo, O [Det sjunde inseglet]. Ingmar Bergman, Suécia, 1957.
Show de Truman, O [The Truman show]. Peter Weir, Estados Unidos, 1998.
Sombras [Shadows]. John Cassavetes, Estados Unidos, 1959.
Sonata de outono [Höstsonaten]. Ingmar Bergman, Suécia/França/Alemanha, 1978.
Sympathy for the devil. Jean-Luc Godard, Reino Unido, 1968.
Teorema. Pier Paolo Pasolini, Itália, 1968.
Thelma & Louise. Ridley Scott, Estados Unidos/França, 1991.
Titanic. James Cameron, Estados Unidos, 1997.
Trainspotting: sem limites [Trainspotting]. Danny Boyle, Reino Unido, 1996.
Trem mistério [Mistery train]. Jim Jarmusch, Estados Unidos/Japão, 1989.
Twin peaks. David Lynch, Estados Unidos, 1992.

Última ceia, A [The last supper]. Peter Greenaway, Inglaterra, 2008.
Última gargalhada, A [Der letzte Mann]. F. W. Murnau, Alemanha, 1924.
Uma outra mulher [Another Woman]. Woody Allen. Estados Unidos, 1988.
Um homem e uma mulher [Un homme et une femme]. Claude Lelouch, França, 1966.
Veludo azul [Blue velvet]. David Lynch, Estados Unidos, 1986.
Verão na cidade [Summer in the city]. Wim Wenders, Alemanha, 1970.
Verão violento [Estate violenta]. Valerio Zurlini, Itália, 1959.
Vertigo. Alfred Hitchcock, EUA, 1958.
Vestida para matar [Dressed to kill]. Brian De Palma, Estados Unidos, 1980.
Vida e nada mais ou E a vida continua [Zendegi va digar hich]. Abbas Kiarostami, Irã, 1991.
Videodrome, a síndrome do vídeo [Videodrome]. David Cronenberg, Canadá, 1983.
Vive l'amour [Ai qing wan sui]. Tsai Ming-Liang, China, 1994.
Viver a vida [Vivre sa vie]. Jean-Luc Godard, França, 1962.
Vocês, os vivos [Du levande]. Roy Andersson, Suécia/Noruega/Alemanha/ França/Dinamarca/Japão, 2007.
Waking life. Richard Linklater, Estados Unidos, 2001.
Z. Costa-Gavras, França/Argélia,1969.
Zazie no metrô [Zazie dans le métro]. Louis Malle, França/Itália, 1960.